JN098526

中央経済社　編

行政書士
45歳からの
合格・開業の
リアル

中央経済社

は じ め に
──人生後半戦を変える！

役職定年。定年後再雇用による給与カット。年金支給開始年齢の引き上げ。氷河期・ロスジェネ世代以上を取り巻く環境は，決して甘くありません。

90歳まで働くとして，45歳からの「人生後半戦」にどう働き，どう稼ぐのか。それは「どうやって生きるか」そのものです。

リスキリングが叫ばれる中，一つの選択肢として資格取得があります。中でも，独立開業可能な資格として人気なのが，行政書士です。

ただ，行政書士試験は，覚えるべきことが膨大です。記憶力や体力が衰えてきた中高年には厳しくも思えます。さらに，「行政書士なんて取得しても食っていけない」というネガティブな話も巷に溢れています。

「実際のところどうなの？」

本書では，10人の合格・開業体験記を集めました。
人生後半戦を変える起爆剤となれば幸いです。

2024年2月

中央経済社編集部

CONTENTS

• •

はじめに　i

PART I

45歳からの合格・開業体験記

FILE 1 独学で一発合格した手法を YouTube で発信し
大反響。
お金を稼ぐこと＝人に利益を提供すること
≫≫≫ 佐藤浩一 ………………………………… 2

FILE 2 根性で6カ月一発合格。世知辛い世の中で
「死ぬまで」「世間に必要とされる」仕事を
≫≫≫ 山下修 …………………………… 17

FILE 3 サラリーマンが一発合格！　還暦＝定年退職を
迎えても，仕事にワクワクが止まらない
≫≫≫ 鈴木茂 …………………………… 29

FILE 4 かつて目指した舞台の世界。今はそれを支える
エンターテインメント専門行政書士として
≫≫≫ 山下由紀子 ………………………… 42

FILE 5 中卒・スクラップ工場勤務からの転身。
産廃許可のエキスパートを目指して
≫≫≫ 岩田雅紀 …………………………… 52

FILE 6 50代，学習量と YouTube で一発合格！
相続・遺言×不動産のシナジーで活路を見出す！
≫≫≫ 町田大光 …………………………… 66

FILE 7 パート主婦から，不動産会社勤務を経て独立開業。
今だからこそできることがある
≫≫≫ 小網智子 …………………………… 77

FILE 8 障がい福祉事業者とともに障がいがある人が
輝ける社会を目指したい
>>> 渡邊巨樹 ……………………………………………… 87

FILE 9 脱・ただの会社員。不動産会社に勤務しながら
兼業で宅建業許可や相続業務を
>>> 川上智弘 …………………………………………… 96

FILE 10 子どもの中学受験を機に専業主婦が一念発起！
キャリアコンサルタント×MC×行政書士として
>>> 黒田美千子 ………………………………………… 106

PART II

45歳からの合格ガイダンス

アガルート講師田島圭祐が考える
45歳overが行政書士試験に「むしろ有利」な理由
>>> 田島圭祐 ………………………………………………… 118

行政書士試験の概要（編集部）……………………………… 129

PART

I

45歳からの
合格・開業体験記

40代〜60代まで,
人生後半戦を変えたい!
と挑む10人の体験記です。

FILE 1

独学で一発合格した手法を
YouTube で発信し大反響。
お金を稼ぐこと
＝人に利益を提供すること

佐藤浩一 （さとう・こういち）

▶受験開始／合格／開業登録：2018年（45歳）／2019年（46歳）／2019年（46歳）
▶予備校等：独学一発合格
▶開業資金：25万円程度（実家を事務所にしたため，事務所固定費は0。備品は既に持っている物（パソコン等）を活用）
▶支出内容：行政書士入会費　25万円程度

PROFILE

島根大学卒業。氷河期の中，新卒で就職するも，サービス残業の嵐。結局4カ月で退職。その後，職を転々とし，現在は中古車を輸出する会社に勤務。42歳のとき生活が激変し預金が底をつく。生活困窮から脱出するために副業でブログを始める。2018年（45歳），副業のブログ収入がはじめて給料を超える。同年，行政書士試験合格を目指し，学習に没頭，隙間時間で900時間勉強し，2019年独学一発合格。

行政書士事務所を開業し，YouTube「行政書士独学応援チャンネル」を開設（チャンネル登録者数27500人（令和5年9月1日時点））。
https://www.youtube.com/channel/UCtzk7KT2moPb2CyNRU3051A

現在の仕事の割合

行政書士：4割（うち，自動車5割　許認可5割）

会社員：5割

その他副業：1割

売上の推移（行政書士のみ）

1年目：10万円

2年目：100万円

3年目：300万円

4年目：600万円

5年目：600万円

行政書士を志したきっかけ

45歳でアフェリエイト収入目当てに行政書士を目指す

　行政書士を志したきっかけは，目先の広告収入，つまりお金が欲しかったからです。法律を学ぶことに興味はありませんでした。

　「資格を持っていれば，資格ネタの話題記事が書けて，それが新たな収入源になるのではないか」と思ったのがスタートです。予備校や講座比較の記事で読者を誘導し，アフェリエイト収入で儲けようという邪な考えでした。

　行政書士が具体的に何をする職業なのかはよく知りませんでした。ただ，書店で過去問集を見て，「ゲームを攻略するのが得意だからこれくらいの資格もゲーム感覚で攻略できるのでは」と軽い気持でした。

　経験上，「何ごともやってみるに越したことはない」と知っていました。まずは，過去問をいきなり解くことから始めました。

人生で一番勉強

　試験までの6カ月間は，人生で一番勉強しました。

　「10人に1人しか合格しない試験なのだから，他の10人に絶対負けないくらいやろう」と決めました。

　最初の1カ月が過ぎると，「もし今やめたら前の努力が無駄になってし

まう」という思いが湧き上がり，「必ず一発で行政書士試験に合格しよう」という執念でした。

　単純に，一発合格をしてブログで「どや顔」をしたかったのです。当時は独学合格する方法についてのネット情報は乏しかったので，「一発合格の勉強法を公開すれば，有名ブログになるだろう」という目論見もありました。

合格するまで

ブログで一発合格を宣言し，自分を追い込む

　勉強方法に迷う中，行政書士試験に2年で合格した方のブログを発見しました。1年目の失敗原因と2年目にやったことが記されており，肢別過去問を回転させて合格した方法には，直感的に高い信憑性を感じました。

　ネットでは，「過去問からは出題されないから予想問題集をやれ」「司法試験等の上位資格のテキストを使え」などと情報が錯綜していました。熟考した結果，この中で肢別過去問集1冊を回転させ完璧に仕上げる方法が理にかなっており，近道だと確信しました。

　そして，自分の受験勉強についてブログに書き始めました。

　モチベーションを保つため，「私は行政書士試験に楽勝で受かる」と豪語し，後に引けない状況を作りました。

ブログ記事のため独学を貫く

「予備校？　ナニそれ，おいしいの？」

　独学のほうがブログ記事にしやすく，アクセスが稼げるため，予備校は

検討しませんでした。お金もかかりますし，お金をかけるだけのリターンがあるのかも疑問でした。

　一方通行の授業を受けることは，1ステップ無駄もある気がしました。通学に時間もかかりますし，授業を受けただけで勉強した気になってしまう可能性もあります。

　また，これまでの経験上，教育は教育提供者が儲けるのが本質で，受講生の利益は2番目なのではないかと懐疑的でした（合格後，いろいろな方と接しているうちに，「確かに予備校は質のよい講座を提供している場合が多いので，利用して合格する手はありかな」と今は思っています）。

バフェットの格言「髪を切るべきか床屋に聞いてはならない」

　予備校に通うべきか予備校に聞くのはナンセンスです。

　投資の神様，ウォーレン・バフェットの有名な格言に「髪を切るべきか床屋に聞いてはならない」というのがあります。投資信託を買うかどうか銀行や証券会社に聞くべきではないという意図です。

　もちろん，独学だと，最初の学習段階では，「どうやればいいんだろう？」と迷子になりがちです。

　試験範囲が広すぎて，覚えても覚えても砂漠に水をかけたように記憶が蒸発してしまいます。私も苦しい日々でしたが，それでも，肢別過去問集を何度も繰り返す方法を信じ，ノルマを設定して仕事の忙しさや体調に関係なく，毎日4〜5時間の勉強を続けました。

試験合格に必要なのは「正確な過去問基礎知識を使いこなす力」

　行政書士試験合格に必要なのは法律系最上位資格である司法試験で問われるような深い知識ではありません。過去問で問われたものの確実な理解です。

　過去問と同じものは出ません。ただ，思考すれば正解が導き出せるように5択が作られています。過去問で出た個所の正確な基礎知識と，その知識を使って実際に問題を解く思考力があれば大丈夫です。

　中学校や高校の定期試験のように，丸暗記すれば何とかなるものではありません。「知識を使いこなせる人を合格させたい」という試験委員の意図がわかる試験です。

　確かに，検索すれば何でもわかる時代に，丸暗記しただけの知識は役に立ちません。知識を使いこなして問題を解決する能力が高い人が求められるのです。

　知識を大量に詰め込んでも，使いこなせなければ落ちます。知識の量ではなく，使いこなす能力が問われているのです。

たった3万円で人生は変えられる

　私の教材代は5万円以上かかりました。ただ，無駄な教材を購入したこともあり，3万円未満の教材で十分です（詳細な学習方法や難解なトピックについては，私のYouTubeで共有しているので，興味がある方はぜひ覗いてみてください）。

　最も重要な教材は肢別過去問集です。その他に市販のテキスト，10年分過去問，記述対策問題集，模試，六法が必要です。

　六法を使わずに合格する方もいますが，私は六法をまとめノート代わりに活用したので，必須でした。

　勉強が楽しいとか，法律知識が身につくとか，そういう目的を持った方もいるかもしれませんが，私にとっては「合格すること」がすべてです。「法律知識が身につけば，合格できなくてもよい」というのは甘えだと思っていました。

合格後

You Tubeデビューと私のお金の哲学

　まったく未経験の，40代の「おっさん」が，行政書士の資格を手に開業すると人生どうなるか？　多くの人々が興味を持ってくれるはず…。

　私は最初，生計を立てる手段としてYouTubeを活用しようと考えていました。単純に広告収入目当てです。

　ブログを書き続けてきていましたが，過去の栄光といえる状態で，ブログの広告収入は急減していました。そんな中，ブロガーの巨匠，イケダハヤト氏が「教育系動画コンテンツがこれからのトレンドだ！」と語っているのを知りました。この言葉に触発され，私はYouTubeに挑戦することを決意しました。

You Tube
撮影風景

　当初の目標は「YouTubeチャンネル登録者1,000人を獲得すること」でした。

　ただ，草創期のブログで体験した苦労同様，YouTubeも容赦ない世界でした。最初はほとんど再生されず，顔を出して撮影している時の虚無感

は半端ありません。

それでも，めげずにコツコツと毎日１本の動画をアップし続けました。すると，３カ月ほどで登録者が急増し，最初の目標を達成できたのです。

2019年の行政書士試験の時点でチャンネル登録者は3,000人，翌年の試験前には10,000人となりました。受験直前期は，動画の広告収入が会社員の給与を超えていました。

行政書士試験は法律初学者にとってはかなりのハードルがあります。だからこそ，「受験生の気持ちに共感し，合格者に感動を提供できる動画を制作したい」と考えて動画をアップしてきました。

この気持ちが伝わったのか，合格発表時には，感謝のコメントが多く寄せられるようになりました。

「私の活動が他人にとって本当に役立っている」

これまでの「お金を稼ぎたい」という目的が，「やりがい」に変わった瞬間でした（気がついたら広告収入も通帳に貯まっていました）。

この経験から「お金を稼ぐこと＝人に価値を提供すること」だと知りました。

さらに，ブログやYouTubeなど，自分の事業はやればやる程，信頼と認知度という資産が自分に溜まるのだと気が付きました。活動を辞めても収入は途絶えません。

このことがわかり，「時間を切り売りする目先の収入を追わず，こういった資産性のあることに時間を費やすほうがよい」と考えるようになりました。

「頑張ったことがすぐに収入につながらないから，働きに行ったほうがマシ」と思う方も多いでしょう。私もこれまではそうでした。しかし，それでは一生時間を切り売りして生きていく，「永遠の労働者」で人生が終わってしまうのです。

100ギブ1テイク

「お金を稼ぐこと＝人に価値を与えること」と前述しました。

「自分が稼ぎたい」を前面に出すと，お金は継続的に稼げません。稼げるかもしれませんが，それは1ギブ1テイクの関係で，終われば収入が途絶えるでしょう。こういった意味で，多くの人に「ギブ」できるYouTubeによる講義動画は「無料で与え続ける」を実現できる最高のツールでした。

特に法令科目論点の過去動画は，私が他の仕事をしていても，寝ていても常に誰かに再生されています。そして，何も働かなくても広告収入が入ってくるのです。

もちろん，広告収入は1再生0.1円〜1円くらいなので，時給換算だと割に合いません。しかし，積み上がれば，不労所得を生み出してくれます。

私も50歳まで会社員をしていました（2023年末で退職予定）。仕事を辞めれば，会社員としての収入はゼロです。

それに対し，ブログやYouTube，行政書士業務などは，目先のカネにとらわれず人にギブを与えることを継続すれば，信用という資産が積み上がります。人間として安定していくのです。

自分の力で生きていきたいのであれば，「人に与える」を先行して考えるべきです。行政書士の資格を取得して事務所を開業するなら，うまく経営することだけにとらわれてはいけません。自分目線ではなく，「お客様は何に困っているのか」を考えます。先行して利益を与えることが，個人事業の基本です。

40代以上での開業で気をつけるべき4つのこと

40代以上での開業（独立起業）はまったく問題ないと思います。しかし，成功するためにはいくつかの注意点があります。

まず，他責思考から脱却することです。自分の失敗や成功は自分の責任です。

経営者や独立開業している人は起こる出来事がたとえ運が悪かったとしても自責します。誰かのせいで失敗したとしても，それは自分の責任だととらえるはずです。社長や上司の悪口を言い，給料が低いのを会社のせいにする他責思考ではうまくいきません。

また，指示待ち人間からの脱却も必要です。日本の学校教育は就職を前提としているので，自分で考えて行動するスキルが不足している人が多いです。「次はどうしたらいいですか？」などと他人に聞くようではうまくいかないでしょう。

そのほか，40代以上で開業を考える際の注意点は以下です。

① 知識やスキルの不足に怯まない

40代以上で開業する場合，集客，資金管理，税金知識など，ビジネスに必要なスキルや知識が不足しているかもしれません。しかし，これらは後から学ぶことができますので一度飛び込んで経験を積みましょう。

② 家族や生活費の問題をクリアする

住宅ローンや家族，子供の教育にお金がかかる場合，自分本位で家族に迷惑をかけてはいけません。いきなり安定収入を絶つよりは，とにかく自分で稼いでみる経験を隙間時間や休日を使ってやってみてもよいでしょう。

③ 副業からのスタート

生活費を稼がないと直ちに困窮するような場合は副業からのスタートがおすすめです。月に10万円以上を稼げるようになるなど，まず経験を積んでいくことで，会社を辞めてもなんとかなる自信がつきます。

④ とにかく行動

勉強は必要に迫られてからで十分です。最も重要なのは，行動に移すことです。行動しなければ何も変わりません。

失敗を恐れず，試行錯誤しながら，継続的に取り組むことが成功の鍵です。時間はかかりますが，積み上げていった経験は自分の財産です。「勉強してから始めよう」という人は，永遠に行動しません。「思いついたら即日に行動」が鉄則です。

自分の力で生きていける人間になる重要性

　会社員時代，有能な同僚ほど若くして独立していきました。久々に会ったとき，「独立すると毎日が勉強の日々で漫然と会社員をしている人の何十倍も成長する」と言っていて，納得しました。会社でも，社長の思考力は従業員の100倍くらい上にあると常々感じていました。

　日本の学校教育は，指示にただ従う人間を量産する「就職専門学校」のようなものです。多くの日本人は自分で稼げません。しかし，今の時代に安定した職業など存在しません。一流企業に就職しても，安泰ではないでしょう。

　会社を辞めないとしても，自分の力で生きていける人間（ただ従うではなく自分の頭で考え，行動する人）になることは大切です。人が喜んでくれるサービスを自分で考え試行錯誤して商品化し，継続していたら３年もすれば何かが変わります。

　42歳の頃，私は冷蔵庫が買えないくらい貧乏でした。それが，ブログを始めてから３年で生活が大きく変わりました。失敗を繰り返しても，３年くらい継続できれば，個人で生きていける力が身についてきます。

行政書士は食えないという人は，義務教育の被害者

　「行政書士は足の裏の米粒」などと言われますが，行政書士の資格は，雇われず自分の力で生きていく武器になります。40代以上であっても問題ありません。

　「食えない」という人は，正解を探していたり，指示待ち人間だったり，他責思考だったり行動力がなかったりするのでしょう。ある意味義務教育の被害者です。

　事業で成功する人は，失敗を繰り返しながら成功します。いきなり正解という道はないのです。もし正解を教えてくれようとする人がいたらヒヨ

コ狩りか詐欺師です。

士業事務所を開業するならば，義務教育的思考はアンインストールしましょう。私自身，「本当に洗脳されていたのだな」と思います。

そもそも「食えない」という人には，合格すらしていない人も混ざっています。また，合格していても，「オレは行政書士で法律に詳しいからお金を払って相談に来てもいいぞ」という傲慢スタイルで，自分目線でしか物事を見ていないのでしょう。そんな人にお客さんが寄りつくはずがありません。いくら法律に詳しくても，集客しなければ，無用の長物です。

「食っていく」ためには，お客さんの目線から需要を探し，サービスを商品化する導線を引く必要があります。一つのサービスだけで収入が不十分であれば，サービスを量産していけばよいだけです。

行政書士のコスパ・タイパのよさ

行政書士の資格の何がよいか。

これは，短期集中すれば1年で取得可能ということです。司法書士や税理士，司法試験等だと最低でも3年以上かかります。難易度が高すぎて一生取れない人も山ほどいます。

40代以上からの挑戦となると，時間には限りがあります。いつまでも合格できない資格に命を削るのはナンセンスです。

もちろん，行政書士も非常に難しい資格です。ただ，正しく努力すれば最短1年で合格できます。合格すれば，資格起業できるようになります。

行政書士の資格がなかったら，私が50歳で会社員を辞めることは不可能でした。ブログやYouTube，教材販売による収入もありますが，これが安定して何年も続くかわかりません。

一般的な起業は，参入障壁がないので競合も多く大変です。

資格起業であれば，すでに民事法務，許認可業務でビジネスモデルが確立しています。集客も，一般的なビジネスより簡単です。独占業務があり，

参入障壁があるので極端なレッドオーシャンにはなりにくいのが資格起業のよいところだと思います。

　もちろん，ビジネスセンスがあれば普通に起業すればよいですが，私にはそのような力がありませんでした。行政書士になれて本当によかったと思っています。

これから

行政書士業で「人に喜んでもらえるサービス」を

　行政書士になると，国や行政がどのような仕組みになっているのかということが見えてきます。国や行政についての理解が深まるほど，「こんなことをすれば，人に喜んでもらえるサービスになるのでは？」と気づけるようになります。さらに，お客様の目線から導線をひいて，そのサービスを知ってもえるようにすれば，安定して収入を得られる仕組みを作れます。特別なビジネスセンスは必要ないのです。

　行政書士業務を数件受任してしまえば，ブログやYouTubeによる月間収益を簡単に超えられます。それゆえ，今では本業が行政書士，ブログやYouTube，教材販売は副業となっています。

　行政書士資格との出会いが，人生を変えてくれました。

お客様の「生の悩み」からサービスを作る

　「資格をとったから偉い」と勘違いすると，士業人生がハードモードになります。資格取得はただのスタートです。自分の力で事業を回したことが一度もないにもかかわらず，資格に合格しただけで，自分の法律知識が重宝され，メシが食えると思い込むのは，勘違い甚だしいです。

　相談にくるお客様は「法律を教えてください」と来るのではありません。「こんな悩みがあるので解決して欲しい」という「生の悩み」の相談に来るのです。法律を本で勉強しただけでは到底解決できません。

　悩みや問題を抱える人がいることを察知して，相手の欲しているサービスを提供するのが商売です。「法律詳しいです」とアピールしても，お客様の視界の隅にも入らないでしょう。

　勘違いをしたまま行政書士事務所を構えれば，毎日閑古鳥が鳴いて生活費が尽きて廃業となります。これは弁護士も司法書士も同じことです。

ネット集客メイン

　アナログ営業が得意ではないので，集客はすべてネット経由です。ブログ運営の経験から，集客用のホームページをどうしたらよいのかはある程度理解していましたが，開業にあたっては，私より一回り以上も年下の先生に教えてもらいながらネット集客を学びました。

　効果が出るまでには半年ほどかかりましたが，「時間をかけて増えてくる」というのを聞いていたし，これまでのブログやYouTube運営の経験上もそうだったので，焦ることはありませんでした。淡々とコンテンツを仕上げ，他の業務についてもホームページを作成しました。

おわりに

　とにかく行動してやってみることです。行政書士のメリットは，自分の商品をつくるとき，例えば入管をやる，建設業や農地転用をやる，自動車をやる，と何度挑戦して失敗しても金銭的ダメージがないことです。飲食店の出店などでは失敗したときの金銭的ダメージが必ず出ますが，トライアンドエラーで進めることができるのが素晴らしいと思っています。

Message

　開業すると，仕事が楽しくなります。会社員としてやらされていた仕事よりも，自分で試行錯誤してやる仕事は数倍楽しいです。

　楽しければ，土日だから休みたいとも思わなくなります。結局，休みの日でも仕事をするようになります。そして，仕事が趣味になり，人に頼られるようになると，どんどん仕事が集まり，お金が貯まります。確定申告を自らすれば，税金の知識もつき賢くなります。

　定年がないので，70歳になっても80歳になっても，作り上げた事業を継続できます。

　最高な仕事だと思いませんか？

　これまで，「真面目で比較的優等生で社会の常識も理解している国立大卒の社会人なのになぜこんなに貧乏なのだろう？」「貧乏なのは時代のせい，社会のせい」と思ってきました。

　他責思考で真面目な働き方をいくらやろうが，思考停止した状態です。人間的価値は蓄積しません。それに気づかず40歳まで生きてきました。

　振り返れば，「そりゃ価値のない人間になってお金もなくなったのは当たり前だ」と思います。

　人生を好転させるために必要なのは，「常識を疑い情報発信者の目線になる（その常識，誰がつくったのよ？）」ことです。

　昭和のような日本全体が成長していた時代では，常識に従って行動していれば，無難で，結果として全員が成長できました。

　しかし平成を経て令和になると，日本は成長どころか衰退していく老いぼれの国です。

　全体の成長がない場合，市場はゼロサムゲームです。富を奪い合いあうようになり，常識や仕組みを作る側だけが勝ち続け，格差社会が広がっていくでしょう。投資の世界でもそうですが「9割が負け，勝つのは1割以下」です。

　常識人間や真面目人間は格好の餌食です。多数派に従えば，頭のよい連中がその心理を読んで，むしり取ってくるでしょう。

　40代まで，「真面目で努力はしているのだけど貧乏」でした。住宅ローンや保険，学歴，資格など，「常識的に皆がやっていること」に金を使い，どんどん貧乏になりました。

　この悪循環に気づいたきっかけはブログでした。広告収入を得るためには情報を発信する側の人間にならなければならず，「読む人を惹きつけるにはどうしたらよいか？」と相手の心理を考えて導線を引く側に回ったのです。

　テレビや新聞も同じように，金儲けのために常識を作ったり，心理を誘導したりしていると気づきました。

　小さいながら情報発信をするようになると，自分が豊かになるためには，人のためになる商品を作り，それを認知させ利用してもらうために導線を引くことが大事だとわかりました。サービスを利用しお金を払う側から，サービスを売りお金をいただく側になったのです。

　相手の心をつかむ情報を発する側に回ることは重要です。情報を見せられて，ただ行動を促される側にいると，行政書士としても自分の力で稼いでいくのは困難です。

　独立して自分の力で生きていくうえで，大事なのは「常識を疑う」ことです。「新しい常識を作ってサービスを売ってやろう」というくらいの気持ちでいくべきでしょう。

　行政書士試験の勉強は，もともとブログネタのためでした。それが，気が付いたら行政書士として生きています。

　今を思うと，人生はなんでもよいからガムシャラに挑戦してみることが大切で，挑戦し続ければ，どういう方向性にいくかはわからないにせよ好転しかしないのだと思います。

　42歳でブログを始めたときからすれば，相当成長したなあと我ながらに感心しています。

FILE 2

根性で6カ月一発合格。
世知辛い世の中で「死ぬまで」
「世間に必要とされる」仕事を

山下修（やました・おさむ）

▶受験開始／合格／開業登録：2019年5月（49歳）／2019年
度試験（50歳）／2020年7月（50歳）
▶予備校等：独学
▶開業資金：120万
▶支出内容：内装30万／コピー機パソコン等備品50万／会費
など（愛知県は25万円）

PROFILE

1969年10月10日生。愛知大学法律学部法律学科卒業後，津島商工会議所に就職。29歳で脱サラ，有限会社をたち上げ，アパレル（紳士服専門ショップ）を経営。その後，45歳の時，縁あってゲームセンター・バッティングセンターを業務委託により運営。風営法をより深く知るため，2019年5月から行政書士試験の勉強を始める。同年11月一発合格。2020年行政書士山下修法務事務所開所。申請取次行政書士，特定行政書士，著作権相談員取得。2023年登録支援機関登録，外国人雇用管理主任者取得。

現在の仕事の割合

在留資格：6割
風営許可：2割
旅館業・民泊許可：1割
その他許認可：1割

売り上げの推移（行政書士業としてのみの売上）

1年目：300万円
2年目：250万円（体調を崩した関係で減）
3年目：150万円（ゲームセンターをインドアゴルフに業種転換時）
4年目：800万円見込

はじめに

「行政書士なのに何故金髪なの？」とよく聞かれます。

私は，行政書士になってから金髪にしたわけでなく，特に意味があって金髪にしてるわけでもないのです。5年前に白髪が目立つようになり，自分で明るい髪色にしようとブリーチしている最中に，3時間程居眠りをしてしまい，仕上がったら金髪になっていただけのことです。

行政書士試験もこのまま金髪で臨みました。

2019年11月
行政書士試験当時の朝

行政書士試験が終わった帰り道，予備校や塾が配っている解答速報や入校案内などのチラシを1枚も手渡してもらえなかったことはよく覚えています。

本番の試験は思いのほか苦戦したため，おそらくは不合格だろうという口惜しさとチラシを1枚ももらえなかった淋しさを抱きながら，電車の中で捨てられた解答速報の案内チラシを拾い，帰路につきました。

結果は択一式152点，記述式44点　合計200点でした。

ちなみに一般科目は14問中11問が正解でした。

総勉強時間はおよそ960時間の結果です。

まぁ，法令科目は全然ダメな結果でしたが，記述と一般科目に救われた感じです。

結果通知はがきが来た時

　話を戻しますが，昨今，行政書士は全国で5万人ほど活躍しています。合格後はまず，「行政書士になったばかりの50歳が5万人の中でどのように生き残っていくか？」を考えました。

　当たり前のことですが，優れた実務能力を身につけることです。しかし，いくら熱心に研修会や勉強会に参加したとしても実務能力が身につくとは限りませんし，看板を出したからといってすぐに依頼が来るはずもありません。では新人の行政書士がどのように受任していくか？　ましてや50歳で開業するわけですから，新人といえどフレッシュさもありませんし，ぐずぐずしているとすぐに高齢者になってしまうわけです。そこで私が考えたのが，「まずは目立ってやろう！」でした。

　昨今はさまざまな方法で誰でも気軽に情報を得ることができます。それゆえ，依頼者は依頼をする前にさまざまな行政書士のホームページやSNSを見たり，比較したりして自分に合いそうなところを探します。その中で，いかに自分を選んでもらうか，候補者の1人に残してもらうかがスタートラインとなります。

　行政書士としての誠実さや真面目さをアピールするために黒髪に戻すことも考えましたが，「金髪のほうがインパクトがあってよいのではないか」「依頼者の目に留まりやすいのではないか」と考えました。依頼者の個人情報を聞いたり，切実な悩み・相談を聞くうえで，「金髪でも別によいんじゃない？」と言われたり，「金髪なんて！不謹慎だ」と言われたり，周

囲からは賛否両論ありましたが,「5万人もいる行政書士の中で,こんな行政書士がいたっていいじゃないか」と考え,「『一度会ったら忘れない行政書士』をキャッチフレーズに『金髪先生』でいこう」と決めました。

　結果としては,どこにでもいそうな堅物の行政書士が苦手な依頼者も少なからず居るものなんだなと実感しています。

　ただ,当たり前のことですが,どんなに目立っても誠実に,親身になって依頼者と接することを欠いてはいけません。「きちんとした身なり」「清潔さ」「言葉使い」「立ち居振る舞い」を大事にしています。

　私の場合,通常スーツで依頼者と接することが多いですが,だらしのないスーツ,ちぐはぐなスーツ,汚れたスーツを着用するなど,相手に不快感を与える服装やしぐさはしないよう心がけています。

　「いつ（日中なのか夜なのか）」「どこで（屋外なのか屋内なのか,高級ホテルなのかカジュアルな場所なのか）」「だれと（男性なのか女性なのか若者なのか年長者なのか）」会うのかというTPOを意識してスーツ自体をセレクトして臨みます。また,カジュアルのほうがふさわしいと思う時は思い切ってジーンズなどで依頼者と接するように心がけています。

行政書士を志したきっかけ

人生を振り返ると

　30代までは人生のイベントがたくさんあり,とにかく「今」に夢中でした。「あの時は楽しかったなぁ,あんなことやこんなことしたなぁ」と振り返ることも多くなりました。振り返ることが多くなるということは,それだけ自分が年を取ってきたということなのでしょう。

　40歳を過ぎると,老化現象に悩まされることが多くなりました。また家族や友人などが亡くなったりしてくると,「老後」や「人生の終着点」を

考えたりすることが多くなりました。

　幼いころからやりたい放題の我儘な人生を歩んできましたが（ある意味幸せな人生），49歳になったとき，「来年50歳になる自分」にハッとしました。

「俺ってこのまま年老いていっていいんだろうか？」

30代・紳士服
販売会社時代

　法学部を卒業し，学んだ勉学とはまったく無縁の地元商工会議所の職員となりました。今でいうホワイトな職場で，平々凡々な生活を送っていましたが，ゆったりとした生活は，好奇心旺盛で，元気があり余っていた若者であった私にはとても窮屈で苦痛なものになっていき，「もっとやりがいのある人生を送りたい」という欲望が芽生え，29歳で思い切って退職しました。

　実家が紳士服の製造業（正確に言うと検品，修整業）を営んでいたので，修行を兼ねて家業を手伝い，1年後に独立して紳士服販売会社を立ち上げ，メンズショップ専門店を開きました。開業当時，「これからはネットだ」と直感し，まだどこのライバル会社も始めていなかったインターネットを使っての紳士服販売は大ヒットとなり順風満帆の30代を送ることができました。しかし世の中そうやすやすとうまく事が運ぶことも少なく，40代になるとクールビズが世間に浸透しはじめ，スーツ業界はクールどころではなくコールドな風に吹かれることとなり，私は「引くなら早いほうがよい」と考え，店を畳むことにしました。

　店を畳むと同時に縁があって，「バッティングセンターとゲームセンターの運営をしないか」と誘われ，その一角で紳士服（オーダースーツ）を販売するという「二足の草鞋」を履いてきました（私にとって，行政書士は，いわば「三足目」となります）。

行政指導ってなんだ？

　「このままではただのスーツ屋とゲームセンターのオヤジじゃないか。それで自分はいいのか？」

　そう自問自答する一方，それほど不満もなかったので，「まぁこのままでもいいか」という気持ちもありました。

　ところが，2018年暮れにある事件が起きました。
　私の運営するゲームセンター事業は，いわゆる風俗営業法が適用される商売です。
　それは警察の管轄下にあり，年に数回，警察の見回りや抜き打ちの査察があります。そこでたまたま見回りに来た警察官からある指摘を受け，「行政勧告を行います」と告げられると，後日「弁明通知書」が送られてきました。そこには「風俗営業等の規制及び業務の適正化等に関する法律第●●条違反」「不利益処分となる原因…」「弁明の機会の付与を…」など聞きなれない文言が添えてありました。
　後日，行政処分が決まったと，通知が来ました。

　「この処分に不服のある場合…審査請求…」
　「愛知県を被告として…取消しの訴えを…」

　((((;゚Д゚)))) ガクガクブルブル　こんな状態でした。

　今では行政書士という立場なので，それがどういう文章で，どういう意味で，どのような効果があるのかは理解できますし，対処方法もわかります。しかしなんとなく引き継いだゲームセンターの責任者として，当時は難しい言葉の羅列に「いったどうなってしまうのだろうか？　営業停止？　廃業？　もしかして逮捕？」など眠れない日が続きました。

　そんな中で，「不利益処分とはなんだ？」「弁明の機会の付与ってなんだ？」「そもそも風営法っていわゆる性風俗の世界の話なんじゃないのか？」などと調べていくうちに，徐々に法律が面白くなってきました。

　ふと「法律を学びなおすのもいいな」と思ったのです。

人生の伏線を回収しよう！と決意

　大学時代は，ろくに勉強もせずアルバイトと遊びに明け暮れていました。試験はありとあらゆるものを駆使して掻い潜りギリギリ卒業しました（学費を払ってくれた親には申し訳ない限りです）。

　49歳になって，改めて法律のことを調べていくと，法律の初学者の方は苦労すると思いますが，私の場合は法律用語などで独特な言い回しの多い法律の世界に抵抗がなく，のめり込むことができました。

　学生時代を猛省し，「行政書士になれば，『大学で法学部を出た意味』の伏線が回収できるのでは？」と，法律を学びなおすついでに行政書士になることを決意をしたわけです。

合格するまで

10分も机の前に座っていられないというレベルからの「根性」一発合格

　私が行政書士試験の勉強をスタートしたのは，2019年5月です。まずは

老化と衰えた体力に鞭打ちながらの挑戦でした。

　元々，デスクワークではない職業で，体力仕事が多かったので，10分間じっと座っていることができませんでした。座った瞬間に眠くなるのです。少なくとも行政書士の試験時間である3時間，座っていられること，そこから始めました。参考書を開き，読み始めるとやはり10分で睡魔が襲ってきました。それでも，「『できるかなぁ？』じゃない，やれよ！」と自分に言い聞かせて取り組みました。典型的な昭和時代の体育会系のノリです。

　「どうやって6カ月で一発合格できたのですか？」と聞かれますが，とにかく「努力と根性」しかありません（つまらない回答で恐縮です）。

　今は，根性論や熱血的な指導は敬遠されますが，私を支えてくれたのは，昭和的な「努力と根性」にほかなりません。年齢も年齢だったので，「2回目はない」という覚悟で挑みましたし，「これでダメなら，縁がなかったんだろう」と思えるくらい，一心不乱に参考書や問題集に齧りつきました。「落ちてなるものか！」という気持ちが年齢のぶんだけ強かったことがよかったのだと思います。

　「努力と根性だけで？　馬鹿な」と思うかも知れません。もちろん勉強の仕方や方向性が間違っていれば受験勉強は無駄に終わっていたと思います。しかしその勉強の仕方や方向性を教えてほしいと言われても，私は講師でもないので正直わかりません。また勉強の仕方なんて人によりけりで，合う，合わないもあるでしょう。「これさえやれば」「こういうやり方をすれば受かる！」というものはないと思っています。

　よく試験本番が迫ってくると「試験の裏ワザ」「合格への近道」などと謳う参考書などが出てきますが，私はそんなものはないだろうと思います。もしあるとすれば，基礎がしっかり身についた受験生が，試験問題の「傾向と対策」や自分に合った「解き方」や「解く順番」などを工夫すること，これを「裏ワザや近道」と呼んでいるのではないかと思います（それを教えてくれと言われても私にはできませんが）。

勉強時間を逆算

　行政書士試験への挑戦を決めてすぐ，書店で基本書と過去問，ポケット六法を購入しました。また，行政書士試験に合格するまでの勉強時間が，平均900時間と言われていましたので，逆算してまだ間に合うかどうかを考えてみました。

　2019年5月から，試験の11月までは，6カ月，180日，1日平均5時間，土日にはできる限り10時間勉強するという決めて，実行しました（これだけ勉強できたのは，バッティングセンター・ゲームセンターの運営という仕事柄，スタッフに協力してもらい，事務所に籠って勉強することも可能だったという好条件もあります）。

　勉強の仕方は，シンプルに過去問中心にひたすら繰り返しました。もちろん，やみくもに解いていくのではなく，一言一言しっかりと噛みしめ理解をしていくことを重視しました。一般知識に関しては，毎日のニュース番組と新聞，それと「49年生きてきた経験値」のみで勝負しようと決め，ほぼ何もしませんでした（というか，一般知識に割く時間がほとんど取れなかったというのが実情です）。

合格してから

給付金の仕事が舞い込む

　開業した年は，コロナ禍真っただ中でした。そんな折，政府の緊急事態宣言やまん延防止政策などで事業復活支援金や月次支援金などの政府による給付金支給が始まりました。行政書士も（任意でしたが）その制度の「事前確認登録機関」となることができたので，私もすぐさま手を挙げました。すると，復活支援金や月次支援金などの事前確認作業の仕事が舞い

込みました。これまでアパレルやゲームセンター・バッティングセンターなど接客業をしてきたとはいうものの，行政書士の仕事はまるで違うものでした。依頼者の生活や人生に切実にかかわる，とてもよい経験だったと思います。またこの経験が今の行政書士としての私にとても大きな影響を与えてくれています。

それらの給付金事前確認作業の依頼をいただいた中には，外国人の経営する会社がたくさんありました。そのご縁が，後々外国人在留資格申請などの仕事につながっていきます。

自分でホームページを作ったりもしていますが，現在も紹介の仕事が7〜8割です。お客様に対し，親身に対応することで，次につながっていると感じています。

さまざまな業種を経営をしていて思う行政書士の仕事の醍醐味

バッティングセンター・ゲームセンター，スーツショップなど，いろいろ経営，運営をしてきました。その中で強く感じるのは，行政書士の醍醐味は，「他人の夢ややりがいを実現させる」「困っている人の手助けができる」ことが仕事になるということです。サービス業でもなければ卸・小売業でもない職種です。

人に親身になることは好きですし，自分が必要とされている実感があり，「行政書士になってよかった」と日々感じています。

これから

「世間に必要とされる」行政書士の仕事を100％に！

戦中戦後に生まれ，敗戦後の貧しい日本から復興し，高度経済成長期を

支えてきた世代は，60歳で定年となり，豊かな老後を過ごすことが当たり前でした。それを考えると私もあと10年で定年，老後の人生となるはずでした。

ただ，時代は平成，令和と移りゆき，社会構造も変化し，今や人生100年と言われる時代に突入しました。そう考えると「50歳」は，まだ人生の半分です。還暦になり，年金生活なんて今となっては夢物語で，急激な少子高齢化社会の中，あとどれだけ社会にしがみつき，生きていかなければならないのかを考えるだけでゾッとします。しがみつくものすら，どんどん小さくなっていっている気もしますし，体力も落ちていっている中，ますますしがみつきにくい世の中になっていっているのですから，たまったものではありません。

身体を動かす仕事は，60歳なのか70歳なのか個人差もあるでしょうが，いずれ限界が来ます。そもそも，通勤自体も大変です。そういった意味では，行政書士の仕事は，自宅でも可能で，死ぬまでできる仕事だと考えています。

また，「年をとっても世間から必要とされる存在でありたい」という気持ちがあります。もし，仮に自分が老人ホームに入居することになったとしたら，その部屋に事務所を構えて，相続や遺言の相談などを請け負って少しでも入居費を稼いでやろうなどと考えたりしています。そういった意味でも，先々「行政書士の仕事を100％にしていきたい」と思っています。

Message

「あの時ああしておけばよかった」「あの時こうやっておけばよかった」ということは誰にでもあると思います。

もちろん，その逆で「やらなければよかった」と後悔したこともあるでしょう。

しかし，やった結果，失敗したという答えが出ているわけですから，失

敗したとしても，やっておいてよかったのではないか，と思いますし，今思えなくてもそう思える日がきっと来るでしょう。

　「やるか，やらないか」で迷うなら「ぜひ，やりましょう！」と私は言っています。

　何か新しいことを始める時，ご家族や周囲にたくさん相談もすると思います。もちろん，何をやるのかで変わってきますが，家族など自分と近しい存在になればなるほど，止められることもあると思います。当然ですが，家族を犠牲にしてまで自分のやりたいことを押し通すのは間違っています。それでもたった1回の人生です。家族の協力は不可欠ですが，犠牲にならないようよく話し合いをしたうえで，悔いのない人生を送っていただきたいと思います。

▶2020年7月　開業したての頃

FILE 3

サラリーマンが一発合格！
還暦＝定年退職を迎えても，
仕事にワクワクが止まらない

鈴木茂 (すずき・しげる)

▶受験開始／合格／開業登録：2020年（56歳）／2021年（57歳）／2021年（57歳）
▶予備校等：独学
▶開業資金：自己資金約50万円
▶支出内容：登録料，PC購入費，名刺・表札制作費など

PROFILE

大学卒業後に出版社へ入社。広告営業，新規事業開発などを経て45歳で通信社へ転職。その後も広告営業や出版事業などを担当し現在に至る。2020年5月よりコロナの影響によりリモートワークが中心となり，可処分時間が増えたこともきっかけに行政書士試験の学習を開始。同年11月の試験で，初学者，独学，1回目の挑戦で合格。翌年合格発表の翌日に総務部長へ副業について相談しその後会社から承認され，同年5月に自宅で事務所を開業。

現在の仕事の割合

平日：会社員，平日早朝と夜＋休日：国際業務と年4〜5回支部会会務など

売上の推移

1年目　役職定年後としては，お小遣いには困らない程度の金額

2年目　役職定年後としては，大変満足のいく金額

3年目　開業当初の目標金額を達成する見込み！（専業できるレベル）

はじめに

「2020年5月1日」と「2021年5月1日」。

はじめに，この日付について説明させていただきます。

「2020年5月1日」は，私が56才にして初めて行政書士の学習を開始した日です。「2021年5月1日」は，私が行政書士として自宅で事務所を開業した記念すべき日です。

たった366日間で自分の人生は大きく変わりました。長年1つの会社に依存していた私が，大きな勇気と希望を持つようになったのです。

どうぞ皆さんもぜひ行政書士試験に挑戦してみてください！

本稿では，人生を変えた366日についてお話しさせていただきます。

行政書士を志したきっかけ

定年後の自分に不安…

行政書士を目指す動機は，人それぞれでしょう。必要なのは「強い」動機がいくつ持てているか。包み隠さず列挙すると，私の場合は以下のようなものでした。

・56才で役職定年を迎え，漠然と将来の収入，居場所，定年後の自分の姿に不安を感じていた。

・子供たちが本格的な受験時期を迎える頃だったので，親として本気で学習する姿を見せておきたかった。

・振り返ると私の会社員人生は，仕事に追われ，しっかりと身につくような学習をしてこなかったことへの後悔と，挑戦してみたいという気持ちがあった。

・定年後もスーツを着て仕事をしたかったし，そのような姿を家族にも見せたかった。

・「鈴木先生」と呼ばれてみたかった（笑）。

・カッコいい徽章をつけてみたかった（笑）。

・定年後も家族旅行や外食など贅沢でなくてもいいが，ゆとりある生活を送りたかった。

・会社員しかしたことがなかったので，経営者や事業主側になってみたかった。

・そしてなによりも…「1つの会社に依存せず，心にゆとりを持ち，精神的にも経済的にも自立したい」と思った。

・「2020年の民法大改正」（約100数十年ぶりに大改正が行われ，2020年4月より施行）を知り，今勉強すれば，一生使える知識になると思った。

合格するまで

「言い訳しない」とマインドセット

　56歳にして初めて法律を学習し，行政書士試験に挑戦，独学1回で合格しました。決して地頭がよいわけではありませんし，資格試験マニアのような特別な攻略法もありません。

　「56歳ですごいですね」と称賛されたりしますが，覚えておいてほしいのは，「歳だから記憶力が衰えている…」とか，「歳だから理解力が落ちている…」というのはすべて単なる「言い訳」なのです。真偽のほどはわかりませんが，学習の最も成果が出るピークは60代前半というデータもあるそうです。

　年齢も仕事も家庭環境も，試験に合格できない言い訳として使われがちですが，自分に与えられた時間やチャンスをもっと意識して，計画的に学習すれば，合格可能な試験です。

　私自身，フルタイムで正社員として働いていたうえ，認知症の母親と同居して，家庭内での介護やデイサービスの送り迎えなどがありました。子供たちもまだ成人していなかったので，父親として学校行事や受験に関す

ることにもかかわりがありました。

　もちろん，仕事や家庭環境はそれぞれ違いますが，言い訳を排除して取り組むことが，合格の秘訣だと思います。

まずは学習習慣をつけることから

　行政書士試験を受けようと決めたものの，社会人になってから学習した経験がほとんどありませんでした。

　どうすれば継続して机に向かえるか，いろいろと調べた結果，自分の「脳」とどう向き合うかが大事だという結論に至りました。「脳」はたった約2,000ｇ程度の重さしかないのに，カロリーは１日に身体全体の約１／３も消費します。それゆえ脳は疲れやすく，自然と省エネモードになりがちです。

　学習をルーティンとするために重要なのは，まずは「21日間」，つまり３週間続けることだそうです。

　歯を磨く，犬の散歩，夕方ウォーキングするなどでも同じですが，人の「脳」は新しいことを始めることをとても嫌がります。ただ，21日間続ければ，脳は「こんなに毎日続けているといことは，止めてしまうとこの身体にとってよくないことが起こり死んでしまうのでは…」と判断するようになるとのことです。

　つまり，苦しいのは最初の21日間で，三日坊主×７回分を超えれば，あとは楽に続けられるようになるのです。私自身，21日間を経過すると，カフェや図書館などどこでも長時間の学習が驚くほど簡単にできるようになりました。休日などは図書館の開館から閉館までいて，さらに帰宅後も家で学習していました。要は「慣れ」なのです。

キッチンタイマー勉強法

　学習初期は，集中力が続かず苦労しました。そこで編み出したのが，「キッチンタイマー学習法」です。

・まず25分にタイマーをセットして学習をスタート。
・タイマーが鳴ったらどんなに中途半端でも学習を止める。
・そしてすぐに 5 分にタイマーをセットして休憩（私は，スクワットや外の空気を吸ったり，トイレに行ったりしていました）。
・また25分にタイマーをセットして学習をスタート（ 1 セット＝30分）。

　これを繰り返していると 3 時間，4 時間の学習がアッという間に進みます。30分 1 セットを 4 〜 5 回繰り返したら「大休憩（30分程度）」を取り，近所のコンビニに行ったり「仮眠」を取ったりしていました。

15分仮眠法

　脳疲労をいかに少なくするかを考えたとき，大事なのは仮眠です。巷でも「仮眠が大事」と言われ，知っている方も多いと思います。ただ，具体的にどうやって仮眠をとればよいかわからない方も多いのではないでしょうか。

　私は，3 大難関資格試験を制覇した河野玄斗氏も使っている「15分仮眠」というYouTube動画を再生しながらの仮眠をしていました。

　水の流れる心地よい音と静かな音楽が流れてきて途中から水の流れる音だけになっていつの間にか心地よく眠れます。15分経つと優しい起床音が流れてきて深い眠りに入る前の状態から優しく目覚めの状態へ導いてくれます。無理やり起こされた感じがせず，ストレスなく目覚め，学習を再開できました（アイマスクなども併用するとより効果的でした）。

　必ず 1 日 1 回はこの15分仮眠を取り，脳の疲労を取り除き午後でもリフ

レッシュして学習を続けるようにしていました。

　歳を重ねると，脳が疲れやすく，学習効率が下がりがちです。眠くても座り続けるのは無駄なので，ぜひ参考にしていただければと思います。

使った教材

　佐藤浩一氏のYouTube「独学応援チャンネル」で見た，『合格革命 肢別過去問集』（早稲田経営出版）を周回する方法を信じて学習を進めました（佐藤先生の稿でも説明されると思うので，私はアレンジを中心に紹介します）。以下，私が使用した教材を列挙します。

・『法律を読む技術・学ぶ技術』（ダイヤモンド社）　※法律初学者におススメです！
・『スーパー過去問ゼミ　民法Ⅰ』（資格試験研究会編 実務教育出版）
・『スーパー過去問ゼミ　民法Ⅱ』（資格試験研究会編 実務教育出版）
・『合格革命 肢別過去問集』（行政書士試験研究会著 早稲田経営出版）
・「資格の大原トレーニング行政書士」（アプリ（有料））

　私の場合，法律，特に条文などはほとんど触れたことがありませんでした。そこで，肢別の周回の前に，ワンクッション挟みました。

　まず，『法律を読む技術・学ぶ技術』を読むことから始めました。結構分厚い本ですが，文字が大きく行間も余裕がありとても読みやすいです。イラストもたくさんありますので会社帰りにカフェに寄って読んでも２〜３日でサラっと読めるでしょう。法律の世界観みたいなものが楽しく，簡単に理解できました。

　次に，「民法を制する者は資格試験を制する」と聞いたので，公務員用の書籍を使って民法を勉強しました。単元ごとに解説と過去問で構成されていて，解説も３〜６ページ程度とコンパクトです。記憶力の悪い私でも，３〜６ページぐらい読んですぐに過去問を見れば１問や２問は簡単に解けました。これがポイントで，解けると嬉しくて，面白く感じるよう

になりました。学習初期はこのようにモチベーションを上げながら進める
のも大事だと思います。もちろん，難問もいくつか掲載されていますので，
そのような難問は飛ばしてもいいかもしれません。解けそうなら解いてみ
るぐらいでよいと思います。３周ぐらいすれば，法律初学者の方でも基礎
が身につくでしょう。

学習計画を作成＆学習時間を記録

　私は予定表である「学習計画」を作ったうえで，「学習時間」を記録し
ていました（この２つを１セットと考えていました）。

①　学習計画

　「学習計画」はExcelで管理しました。

　まず，「行」（横書き）に学習する科目を書き，「列」（縦）に日付を入れ
ました。

　毎日全科目に触れようと，憲法，行政法，地方自治法，民法Ⅰ，民法Ⅱ，
商法会社法，個人情報保護法，基礎法学…など行にズラ～と書き，その下
に「憲法」○○ページ，行政法○○ページなど，ノルマを記入しました。

　１週間で１周（＝１冊）を終える計算でしたが，１週間に１日は，何も
しない「休養日」にしていました。

　とはいえ，実際には１日も休まず試験本番まで学習を続けたので，この
「休養日」は実際には「予備日」であり，学習計画通りに進まずにストレ
スを溜めないための工夫でした。

　予備日に前倒しして学習を先に進められたことで，学習計画が前倒しに
なり，精神的に楽になるだけでなく，やる気にもつながりました。

　この予備日を設ける方法のおかげで，当初の『合格革命 肢別過去問集』
を20周やろうという計画を達成できたばかりか，最終的には25周すること
ができました。「合格できる」レベルから，「合格を確信できる」レベルに

到達できたと思います。

	憲法	行政法	地方自治法	民法	…
8／1	●ページ	●ページ	●ページ	●ページ	
8／2	●ページ	●ページ	●ページ	●ページ	
8／3	●ページ	●ページ	●ページ	●ページ	

② 学習時間

　学習時間は，Excelで「行」に30分＝1枠として28枠，つまり最大で14時間分の枠を設定して，「列」つまり縦にはやはり日付を入れました。例えば1日に8時間20分学習したら16枠＝8時間の枠にレ点を入れます。

　30分ごとで，端数は切り捨てました（8時間20分学習した場合，記録は8時間）。

　記録を見ると，「今月は200時間以上学習した」と達成感がありました（ただExcel管理には好き嫌いもあるので，このあたりはご自身に合う方法にアレンジしていただければと思います）。

8／1	レ	レ	レ	レ	レ	レ	レ	レ
8／2	レ	レ	レ	レ	レ	レ	レ	
8／3	レ	レ	レ	レ				

メインの学習方法＝「合格革命　肢別過去問集」を25周

　前述の通り，私のメインの学習方法は，『合格革命 肢別過去問集』（行政書士試験研究会著 早稲田経営出版）を25周したことです。

　「1週間で教材のすべてを1周する」と決め，5月1日から学習を始めました。民法を終えてからだったので，約20週しかありませんでしたが，前倒しで最終的には25周を達成しました。このように，短期間に量をこなしたことが合格の決め手になったと思います。

　もし1年以上時間があったら，どこまで知識をキープできたかは疑問で

す。長期間で試験に臨む場合も，本試験までのラスト6カ月間ぐらいに学習量を増やして「太く短く」最後まで継続してやり切るほうがいいのかもしれません。

　以下，私がやった解き方の工夫について説明します。

①　人に説明することを意識しながら解く

　私は，過去問を解く際には，ブツブツと独り言をしゃべりながら，人に説明することを意識しながら解いていました。

　「これは×。なぜなら条文に書かれている○○○という表記と違い…」などとまるで誰かに授業をしているかのような感じです。家族が聞いていたら，きっと私が変になってしまったと心配したことでしょう（笑）が，よい学習方法の一つだと思っています。

②　チラシで解答と説明のページを隠す

　『合格革命　肢別過去問集』はとてもページ数が多く，しかも使用している紙がとても薄いです。右半分の解答と説明のページを隠す際には，新聞などに折り込まれている薄いチラシをちょうどいいサイズに切り取り活用していました。

　かなり小さな工夫ですが，本試験までにのべ何万問も解くことになります。1問にかかる無駄な時間の「チリ積」を少しでも減らせるとよいと思います。

サブの学習方法について

①　「資格の大原トレーニング行政書士」アプリの活用

　「資格の大原トレーニング行政書士」を全科目購入して活用しました。5択式ではなく，一問一答式を何度も何度も何度も繰り返し電車の中など移動中を利用して隙間時間にやっていました。トイレや車の中（もちろん

駐車中）など，隙間時間かつ集中しやすい時はスマホを取り出して10問でも20問でも繰り返し解きました。

　過去問なので，『合格革命 肢別過去問集』と当然問題が重複しますが，心の中で答えとその理由まで考えつつサクサクと進めていました。

②　模試の活用

　LECの6回模試パックを利用しました。7月から直前期までの模試の日程が決まりますので，都度都度検討して申し込むより簡単でスケジュール化しやすく，そのぶん学習に集中することが出来ました。6回とも会場や時間がバラバラなのが少し面倒でした。

③　スマホの活用

　私はスマホでYouTubeの佐藤浩一先生の動画を見ていたほか，スマホで条文を検索したりしていました。どこでも思いついたときにできるのが便利でした。

合格してから

副業行政書士として

　2023年に定年退職しましたが，雇用延長で引き続き会社員を続けながら，行政書士の仕事をするつもりです。そこで副業行政書士をしていて感じたメリットを以下に書かせていただきます。

・定期収入があるので行政書士業務にゆとりが持てる（焦って変な仕事をお金欲しさに受任しないで済む）。
・事務所運営がしやすい。

・廃業リスクが限りなく低いので，長期間にわたり行政書士業務が続けられる。

　　→結果，少しづつ受任，実績を積めて軌道にのせやすくなる。

・会社員であるため，世の中のトレンドなど適宜，正確に把握できる（例えば，インボイス導入などは経理部に，新しいIT技術はシステム担当者に気軽に社内で聞いて，教えてもらえる）。

　　→改めて会社組織の素晴らしさを感じることもできた。

　会社が基本的にリモートワークで，フレックス制なので，平日の早朝や夕方以降など比較的副業をしやすい環境にあり，デメリットはあまり感じていません。強いて挙げれば，専業の行政書士の方のようにすべての時間と労力を使い集中して業務にあたれず，自分自身を行政書士業務に向けて追い込むのが難しいところかもしれません。

　「ゆとり」と「追い込んで業務にあたりづらい」ことは表裏一体です。「もっともっと成功したい」と思うなら，副業である事務所の売上や自分の所得などの目標を具体化して，「○年以内に，○○○万円達成」，そしてそのためには「1カ月○○件受任，売上○○○万円以上達成」，さらにこの目標を達成するための週ごと，日ごとの具体的なアクションプランを作成して実行できるかを検証し続ける必要があるでしょう。

　どこまで達成したら副業から専業に切り替えるかの数値的な目標も明確にしておいたほうがいいかもしれません。そうしないといつまでも定期収入があるからといって，ダラダラと副業として仕事を続け，なかなか専業になるイメージもつかめずに時が流れてしまうからです。

これから

地元下北沢に事務所を構えたい

　偉そうにいろいろと書きましたが，私自身，まだ専業までの道のりは遠

く，3年目にしてようやく受任件数が増えてきたという状態です。

　外国人雇用に関する手続きで多くの外国人や経営者，若者などと知り合ったり，海外とオンラインで面談したり，とても刺激的な毎日です。

　特に私に大きな勇気と自信を与えてくれたのが，FESO（一般社団法人外国人雇用支援機構）の会員になれたことです。全国100名を超える国際業務の専門家と繋がることで実践的な知識・ノウハウを身につけることができています。

外国人経営者との
打ち合わせ

海外とオンラインで
面談

　最後に目標ですが，雇用延長中に目標の売上と所得を達成し，地元下北沢に自宅とは別に事務所を構えることです。補助者を採用し，外国人の方や外国人を採用したい企業のご担当者が，いつでも気軽にご相談に来られるような事務所にしていきたいと考えています。

　とにかく今はワクワクが止まりません！

Message

　45歳を過ぎれば，残された時間は限られています。

　就職超氷河期だったことを，恨んでもまったく生産性はありません。どうか前だけを向きましょう！ 1つの会社，1つの仕事だけに依存する生き方以外を考えてみるのもよいと思います。

　行政書士試験は，私から見える景色を変えてくれました。

たった366日。
大きく人生が変わったと感じています。

　ちょうどこの原稿を書き上げたのが2023年9月17日。私の還暦の誕生日でした。書き終えたとき，もし雇用延長あるいは再就職しか選択肢がなかったらと思うとゾッとしました。還暦＝定年退職を迎えた朝でも事務所で行政書士の仕事に追われ，感傷に耽ることもなく，ワクワクしながら仕事ができていることにとても感謝しています。

FILE 4

かつて目指した舞台の世界。今はそれを支えるエンターテインメント専門行政書士として

山下由紀子 （やました・ゆきこ）

▶受験開始／合格／開業登録：2019年（47歳）／2020年（48歳）／2021年（48歳）
▶予備校等：LEC
▶開業資金：200万円
▶支出内容：パソコン，プリンター購入，実務講座

PROFILE

山下由紀子行政書士事務所代表。

若いころは舞台俳優を目指しながらアルバイト。その後，会社員を経て，飲食店や結婚相談所を経営。2020年行政書士試験合格後，開業。

現在の仕事

エンターテインメント専門の行政書士として，主にエンタメ業界で使える補助金，助成金などの申請をサポート。

売上の推移

1年目：400万円

2年目：600万円

3年目：更に上昇中！

はじめに

「行政書士になると人生が変わるよ」

　この言葉は私が行政書士に合格したときに司法書士である私の父が最初に言った言葉です。

　結果はどうか？　まったく想像もしなかった程に変わりました。今から私の人生を振り返りながら，この言葉の意味を考えていきたいと思います。

行政書士を志したきっかけ

三人姉妹の末っ子，体が弱く医師を目指すも，宝塚に沼落ち

　兵庫県川西市という場所で三人姉妹の末っ子として私は生まれました。

　1歳のときにいきなり人生最大のピンチを迎えます。姉からその当時流行っていた命にかかわる病気をもらったのです。1歳から3歳までの一番可愛い？　盛りをずっと入院して過ごすということになってしまいました（今は完治）。

　ですがこの時私は運命の出会いを果たします。担当の女医さんの事が大好きになり，「将来お医者さんになって人のお役に立ちたい」と思うようになったのです。

　その後，無事に退院して，めいっぱい元気になった私はお転婆娘として，また末っ子気質を武器に，すくすくと成長しました。小学校では常に学級委員を努め，お医者様になるために早くから塾にも通わせてもらい，まさに順風満帆な人生を送っていたのですが…。

　そんなわたしの無敵時代に陰りが差してきたのは中学生になったころです。元来のなまけ癖が出てきたのか塾をさぼり始めると，坂道を転げ落ち

るが如くあれよあれよと成績は落ち，何と高校受験目前で塾をやめてしまいました。結果，学区内で偏差値１番の高校に進学する予定の夢はもろくも消え，また同時に憧れていた医師になる夢も消えてしまいました。

行きたくもない高校に進学した私は大した志もなく，帰宅部に所属し，高校１年生からアルバイトに明け暮れていました。

更に，追い打ちをかける出来事が…。それはわたしの仲のよい同級生がガチの宝塚歌劇ファン（いわゆるヅカファン）だったのです！　はい，もうおわかりの通り，私もすっかり沼（？）落ちしました。

劇場に通いつめ，挙句の果てには宝塚音楽学校（宝塚歌劇の団員になるために通う学校）の受験を考え，今までやったことのないクラシックバレエや声楽などを習いはじめました。

親は大反対のため，レッスンの月謝などはアルバイトをして捻出したものの，高校生から付け焼刃で習った私に叶うはずがなく，渋々私立の短大に進学しました。

バブル後の就職難に，会計事務所に就職するも１か月でやめる

そんなノープラン人生でしたが，短大２回生のときに「長く就職活動をしたくないから」という理由で，会計事務所の事務員に応募し，なぜか即採用されました。私の就職活動の時期は丁度日本のバブルがはじけたときで，就職浪人が当たり前という恐ろしい時期でした。それなのにあろうことか，私はその就職先を１カ月で辞めてしまいます。理由は「東京での舞台に出るため」でした。

今思い返せば，「なんとお馬鹿なのか」と思いますが，みんなが就職活動に苦労している最中，たった１社で決め，それをさっさと辞めてしまったのです。

そして，正社員では急に入る舞台のお仕事の度に退職しなくてはならなくなると思い，とにかく繋ぎでもよいのでアルバイトを始めました（まさ

かのこの職場がのちに社員になり20年間勤務するようになるとは夢にも思いませんでしたが…）。

「自分は若いから何でも出来るし，何も怖くない」そう思っていた時期でした。そう，若気の至りです。

20歳から29歳まで舞台とアルバイトに明け暮れる日々

運のよいことにアルバイト先は，社長も店長も私の舞台活動を応援してくれ，舞台の公演のための長期休養も快く許してくれました。

おかげで，忙しく両立を続けていましたが，29歳になったとき，ふと「もうやり切ったな」という思いが湧き出て，舞台活動に終止符を打ちました。

今でも舞台を観るのは大好きですが，思い返すとその世界で本当に食べていけるのは一握りの人で私には運も才能もなかったんだろうなと思います。ですが，やらなくて後々後悔するよりは，やってよかったなと心から思いました。よい環境にいさせてもらったなと感謝の気持ちでいっぱいです。

当時の写真

29歳にして新社会人。リストラにおびえる

29歳で舞台の世界を離れた私は，ごく普通の一般人（？）に戻りました。

さて，ここからがものすごく大変でした。20代で芸事ばかりしており，しかも「芸事の世界の常識は社会の非常識」です（最近もそうかはよくわかりませんが…）。29歳にして社会人１年生のような「困ったちゃん」でした。

今までのアルバイト先が社員に登用してくれたものの，会社自体が「誰が次に辞めさせられるか」という状況で，その影が自分にも迫って来ているのを感じる日々でした。

38歳にして飲食店経営に乗り出すも，過労で倒れる

リストラはされず，仕事を続けていたものの，38歳のときには責任のある役職を解かれました。意気消沈する私に，知人から思わぬオファーがありました。

「落ち込んでないで，自分と一緒にお店を切り盛りして欲しい。新しい職場を作るよ」と言われたのです。

その言葉を信じ，お店をスタートすることになりました。なかなか客足も順調で，楽しくやりがいのある毎日を送っていました。ただ，まだ売上が安定しなかったために，いままでのお昼の仕事も続けていました。酷いときで朝の５時から夜の12時までほぼ休みなく働く状況でした。

そんな生活がたたり，職場で倒れました。原因はもちろん過労です。

「しばらくの間，絶対安静」と医師から告げられました。いままで目をつむっていてくれた家族にも，「さすがにどちらかの仕事に絞らないと死ぬし，いい加減にしなさい」と言われ，私は20年勤続した会社を退職しました。

しばらく安静にしてから私は知人と始めたお店に職場復帰できましたが，

今思えば，丁度女性の身体の変化が起こる時期だったと思います。反省し，無理をしないよう意識しながら働くようになりました。

結婚相談所の経営に乗り出す

　お店でいろいろなお客様と関わっていると，「シングルなのでどなたかよいお相手（結婚の）をご紹介して欲しい」と依頼されることが増えました。また，お客様同士でご結婚される方が20組ぐらいとなり，真剣に「ご結婚相手をご紹介できるお仕事をしたい」と思い立ち，結婚相談所の経営に乗り出しました。

　とはいえ，待てど暮らせど相談所にお客様は来ません。初めての会員入会は開業半年後でした。そこからは順調に会員数が増えましたが，お相手が見つかっても，見つからなくても会員が辞めていくシステムです。さらに，大手には敵いません。

　「一生このお仕事で食べていくにはちょっと難しいな」「おばあちゃんになっても1人で生きていけるお仕事を探したい」と思いました。

　その時にふと思いついたのが，いつも自分の身近にあり，「いつか取らなくては」と潜在意識の中で思っていた，法律系の国家資格でした。

父は司法書士。80歳を過ぎた今でも司法試験を受け続けている勉強家

　なぜ法律系国家資格が「いつも身近にあったか」ですが，父が司法書士だったからです。80を過ぎた今でも現役で仕事をしています。かつ，毎年，司法試験を受け続けるという偉業（？）を成し遂げています。

　ですので，私は幼少の折から常に法律書に囲まれて育ってきました。刑法や民法の判例集などが家の中にごろごろあるのです。気がつけば父はいつも勉強していました。

そういった家庭に育つとどうなるか？

はい，法律が死ぬほど嫌いでしたし，法律の仕事だけはしたくないと思っていました。父のことは尊敬していますし，毎日勉強してすごい！　とは思うのですが，見ていると疲れるんですよね。

そんな私が「法律の勉強をする」と言い出したものだから家族もびっくり！　でした。特に父には「どうせまた3日坊主なんだろう」と笑われました。でも父も高齢，姉が2人いますがまったく父の後を継ぐそぶりもないのを見ていると，なんだか申し訳なくなり，「一番期待されていた私しか結局いないな！」と思って勉強を始めたのも事実です。

合格するまで

47歳からの猛勉強で一発合格（お試し受験あり）

今までふらふらして生きていた私ですが，「両親を安心させたい」とやっと思いました（ずいぶんと遅いですが…）。

実は試験はお試しを含めると2回受けていますが，1年の勉強で行政書士に合格することが出来ました。

試験に受かるためには，足し算ではなく，引き算が大事だと思っています。「この人何言ってるの？」と思われるかもしれませんが，勉強も事業も引き算でするものです。

勉強すると決めてから，まったく勉強をしないまま，お試し受験をしました。場慣れのためです。そして，本番の試験の事だけを考えてそこでベストパフォーマンスを出すために綿密に計画を練りました。

自分に甘い私は「独学では絶対に受からない」と考え，資格予備校の通学コースに決めました。予備校の通学とオンラインの授業は全講義休まず

聞きました。

　また，昔は得意だった暗記が，全然頭に入らなくなっていることに気がつき，「暗記では受からない，とにかく問題を解いて解いて解きまくってやる！」と考え，学習スタート時から毎日最低でも10問は問題を解きました。間違えば，答えと解説を読むことを繰り返し，私ほど問題を解いていた受験生はいなかったのではと思うぐらいです。おかげで，スピード感が身につき，模試でも本番でも120分で問題を解ききれるようになりました。

　よく「行政書士は500時間ぐらい勉強すれば受かる！」のような謳い文句がありますが，それは要領のよい人の話です。「勉強から遠ざかってウン10年の私では絶対に無理！」と思いました。「じゃあこの5倍勉強すれば受かるのではないか？」と思い，起きている間は本当にずっと勉強していました。概ね1年で2,500時間は勉強したと思います。

　1日のタイムスケジュールにすると，朝9時～12時まで勉強，16時から21時まで勉強という究極的にシンプルです。月々で取り組む勉強内容をカレンダーに書き込み，自宅の机に貼っていました。

　ゼミや模試も受けられるものはすべて受けました。1回も合格点を取れなかったのですが，「これだけ勉強しているのだから必ず受かるだろう，私が受からないなら誰が受かるんだ！」という根拠なき自信がありました。父からの無言のプレッシャーもよい感じに心を支えてくれました。

　そして，合格発表の日。うれしくて初めて家族で抱き合って号泣しました。滅多に泣かない父の目もうるんでいました。

合格後

即開業。合格発表日から仕事の依頼が舞い込む

　合格したら行政書士として開業すると決めていたので，喜びもつかの間，

すぐに開業準備に入りました。

　なんと合格発表の日には，ご祝儀的に仕事の依頼もいただきました（経営者団体にすでに入っていたので…）。もちろんまだ登録していないですし，受任はできませんが，とても嬉しかったです（後々調べたら難しい内容のもので大変焦りましたが…）。

　無事に2021年4月2日に行政書士登録が決まり，ピカピカの行政書士バッジと共に私の行政書士としての第一歩が始まりました。

　まずは，支部の支部長へのご挨拶と地元の先輩の行政書士をはじめ他士業の方へのご挨拶周りをしました。ご縁が大事だと考えているからです。今も，ほぼすべてご紹介で仕事しています。

　ネット戦略が得意でないのもありますが，結婚相談所を経営していたくらい，人とつながるのが好きですので，紹介でほぼ生きていけています。

　ただ，1人事務所で手に負えないほどの仕事を受けてしまうとミスが起きてしまうので，あまり手を広げすぎないように気をつけています。お客様とのコンタクトも大切にしたいと考えています。

　人として自分を知ってもらって，「そういえば山下さんは行政書士だったよね」と思い出して頂けるような人付き合いに力を入れています。

これから

エンターテインメント専門行政書士として

　今，私は自身の専門としてかつて自分が携わったエンターテインメント専門行政書士として活動しています。コロナウイルス感染拡大で舞台などが中止になり甚大な被害が私の大好きなエンタメ業界に起こりました。何とかお役に立てるべく日々邁進しております。かつて自身が目指し夢を見た世界に恩返しがしたいと思っております。

　48歳で開業した私は，20代，30代で開業される方よりは行政書士としての人生は短いでしょう。ただ48歳で開業したことには意味があると思っていて，色々経験してきた今だからこそできることがあると考えています。

Message

　「行政書士は人の命を預かるお仕事である」と仰っている方がいました。
　当時はその意味がよくわかりませんでしたが，経験を積んでいくと，よくわかります。法人，個人に関わらず，会社やご自身の人生を懸けて私たち行政書士に許認可や補助金を頼んで来られます。私たちは，生半可な気持ちで対峙することなど許されず，依頼者の気持ちになって業務を遂行することが使命です。

　依頼者に「こちらは少しご様子をみてみましょうか？」とお伝えしている自分をふと俯瞰し，「かつて自身の憧れだったお世話になった女医さんの姿に少しは近づいているのかな？」なんてちょっと過信して，いやいやまだまだだと思う日々です。

　最後になりましたが，「あなたは行政書士になって人生変わりましたか？」と問われたら「私はめちゃくちゃ変わりましたし，しんどいこともありますが楽しい仕事です」とお伝えします。
　なぜなら，今まで経験しなかったことも経験でき，行けなかったところにも行け，知り合うはずのなかった人にも会うことが出来るからです。何歳になったから自分はもう無理だなど，思わずに，どんどんチャレンジしていってほしいと思います。いままで見たことのない世界へ一緒に行きましょう！　人生はそう！　長くそして美しいのです。

FILE 5

中卒・スクラップ工場勤務からの転身。産廃許可のエキスパートを目指して

岩田雅紀（いわた・まさのり）

▶受験開始／合格／開業登録：2015年（39歳）／2020年（44歳）／2021年（46歳）
▶予備校等：1回目独学，2回目資格の大原，3回目独学，4回目独学，5回目伊藤塾
▶開業資金：100万円
▶支出内容：登録費用や広告費用

PROFILE

行政書士岩田雅紀事務所代表。

S50年4月3日生まれ。東京都東大和市在住。行政書士のほか，天井クレーン，車両系建設機械，小型移動式クレーンの資格も持つ。

現在の仕事の割合

建設業許可：4割

産業許可：3割

自動車登録業務：3割

売り上げの推移

1年目200万円

2年目600万円

行政書士を志したきっかけ

両親が離婚，ろくに勉強することもなく，16歳で就職

2歳の時に両親が離婚し，父親に引き取られました。ただ，父親もまだ

若かったため，成人するまで祖父母のもとで暮らしていました。

　家庭環境はあまりよいとは言えず，中学3年生になったころから，祖父母から「お前は中学を卒業したら，働きながら夜間学校へ行くんだよ」と言い聞かせられてきました。そのため，ろくに勉強をすることもありませんでした。

　結局，夜間学校には進学せず，父親が働いていた大手スクラップ工場に16歳で入社しました。

　とはいえ，16歳の右も左もわからない人間が突然社会に出て，規則をちゃんと守れるわけがありません。時々さぼってずる休みをするなど，中々社会に溶け込めませんでした。

　そのような私に対し，当時の工場長が優しくも厳しい指導をしてくれ，おかげでどうにか辞めずに仕事を続けることができていました。

30代で一念発起して，通信教育で法学部を卒業

　そんなやんちゃ少年だった私も，30歳を過ぎると，いろいろ考えるようになります。

　「ずっと惰性で生き続けてこのままで本当によいのか？」
　「ずっと1つの会社で生涯を終えることは，日本においては美徳として捉えられているが，それが本当に幸せなことなのか？」
　「もっとほかに楽しい世界があるのではないか？」

　鉄スクラップを扱う仕事は，基本的に重労働でした。
　天井クレーンの操縦免許を持っていたので，1日中クレーンを操縦していました。同じ作業の繰り返しに，正直飽きてもいました。

「学がないことを環境のせいにしてきたが，もっとしっかり勉強をすれば，よりよい職場環境を得られるのではないか？」

そこで，一念発起をして挑戦したのが，通信教育での大学卒業でした。

色々調べ，学習方法や単位の取得方法が自分に合っている通信大学を見つけ，入学しました。

最終学歴が中学卒業だったので，本学部に進学するためのコースの受講が必要でした。それを2年間で終え，正規課程である法学部に進学しました。

通信教育を働きながら4年で卒業する人はわずか数パーセントしかいません。それでも，頑張って4年で卒業しました。

仕事から帰って来て，夜中の1時過ぎまで眠い目を擦りながらレポート作業に追われた生活は本当に辛かったですが，結局その経験が自分の財産となり，今の自分を支えてくれています。

40代で行政書士試験に挑戦，5回目で合格

勉強をろくにしてこなかった私が，通信大学を卒業できたことは，大きな自信となりました。

「せっかく法学部卒の肩書もついたので，何か法律にかかわる仕事がしたい」という思いが少しずつ芽生え始めました。ある時，書店に立ち寄って，参考書コーナーを見て回っていたところ，1冊の本が目に飛び込んできました。タイトルは忘れてしまいましたが「司法書士を目指す本」でした。

自然とその言葉に惹かれて，その書籍を購入しました。読み終わる頃には，「よし，自分も司法書士になるぞ」と気持ちが固まっていました。

こうなったら行動は誰よりも早いのが私です。

早速LECの司法書士通信講座を購入し，勉強を開始しました。有名な

LEC海野禎子講師だったので，授業は楽しかったのですが，勉強の内容や量が，私の想像を遥かに超えていました。結果，勉強について行けず，1回だけ記念受験するに終わりました。

　司法書士を諦めたものの，「どうしても法律にかかわる仕事がしたい」という気持ちがありました。当然のごとく浮かんできたのが，「行政書士」でした。

　行政書士なら司法書士より難しくなさそうだし，上手く行けば1年〜2年勉強すれば受かるだろうと甘く見ていました。

　そこからが本当の苦学の始まりでした。

合格するまで

初受験

　まずは試しに，行政書士試験も記念受験することにしました。

「90点」。

　酷過ぎる点数に，びっくりしました。大学で民法や憲法，行政法も勉強してきたのですが，まったく歯が立ちませんでした。

　落ち込んでいる私を見て，妻は，「大学も卒業できたし，もう十分ではないか」「試験勉強はもっと大変だから」と心配してくれました。ただ，一度進むと決めたら何がなんでも進む性格なので，行政書士試験の勉強を続ける決意は揺るぎませんでした。

2回目

　「法律の勉強をもう一度ゼロからスタートし直そう」と考え，予備校

「資格の大原」に通うことにしました。

　人生初めての「通塾」で，とても緊張しましたが，とにかく1年で合格したいと思い，1番前の席に座り，絶対聞き逃すまいと必死に授業を受けました。

　大原の問題集も10周以上は回し，正答率も上がってきていました。「これならチャンスはあるかも」と思って本試験に臨みました。

　しかし，結果は「120点」。

　記念受験時よりも，点数は上がりましたが，惨敗と言う結果でした。「予備校にまで通って頑張ったのに」と，自分に対して情けなさと怒りでいっぱいになりました。

3回目・4回目

　3回目と4回目は，予算の都合で独学しました。

　『合格革命 行政書士 一問一答式出るとこ千問ノック』（早稲田経営出版）を中心に，前に使用していた大原の教材と併用しながら，1日2〜4時間千問ノックを何周も解きました。

　結果，3回目は「160点」，4回目は「164点」。

　内容によってばらつきはあるものの，予備校の公開模試でも180〜220点を超えるレベルになっていました。

5回目（合格の年）

　模試でよい点数が取れるようになってきたものの，独学の限界も感じていました。あと一つどうしても乗り越えなくてはいけないのが，「記述式」でした。

合格後に聞いた話ですが，択一問題だけで180点を超えられる人は，ごく少数だそうです。ほとんどの人が，記述式で1問ないし2問正解して合格していくとのことで，やはり記述式をしっかり対策することが大事だと思います。

また，10年以上も学校の勉強や資格の勉強を続けてきて，正直気力面でしんどくなっていました。「次に受ける試験が最後の試験になるだろう」と思いました。

そこで，「伊藤塾の上級者コースを通信教育で受講したい」と妻に相談しました。半ば呆れた顔をしていましたが「これで最後にして」と了承を得て，受講することにしました。

1月から受講を開始しましたが，講義は素晴らしく，目から鱗の学びが毎回ありました。ただ，1時間を過ぎると集中力が途切れてしまいます。

それでも何とか，「この問題が記述式で問われたらキーワードはなにか？」など考えながら，アンダーラインを引くなど，再インプットを続けました。

伊藤塾の講座は，記述式の対策の問題集なども充実していたので，空いた時間を使って解きました。

そして，あっという間に試験日。

今までで1番勉強時間が少なく，やり切った感情もなく，「もうこれが自分の限界かも」と半分諦めムードでした。

試験が終わり自宅に戻って，解答速報を見て自己採点してみると，170点くらいしかなく，「試験はダメだったけど，やった価値は十分あった」と自分に言い聞かせていました。

そして迎えた合格発表当日，工場内の休憩時間に，試験センターホームページを見て，自分の目を疑いました。

3回位自分の目を疑いましたが，まさかの合格でした。あまりに嬉しく，休憩中1人で飛び跳ねてしまいました。

　しかし何故合格できたのか全然理解できませんでしたが，合格通知のハガキが到着してめくって見たら，「180点」ジャストというミラクルでした。

　択一の点数は140点と悪く，記述の点数が40点で，ギリギリの綱渡り合格です。記述式の対策をしっかり行って命拾いしました。

　合格後，いろいろな方から「働きながら勉強して，よく大学卒業と資格取得ができたね」と言われましたが，とにかく人生を作るのは私自身です。私は，「卒業後」「合格後」の自分のことしか見えてなかったのだと思います。ただ，戻ってもう一度と言われたら，絶対真似できません（笑）。

合格後

開業資金のため 1 年計画で

　合格発表の日の夜，開業に向けての家族会議をしました。今すぐ開業できるだけの資金はまだ持ち合わせていなかったのと，勤続30年という節目だったので，開業を 1 年遅らせることにしました。16歳の少年を30年間育ててくれた会社への恩は忘れることができません（「また何かの形でスクラップ業界に携わりたい」と考えたのが，今の産廃専門の行政書士を目指すきっかけにもなりました）。

Xで友達の輪を広げる

　開業目標が決まり，情報収集をしながら開業準備を進めて行こうとした矢先，新型コロナウィルスの大流行が始まりました。外出自粛の雰囲気が世の中を覆って行く中，ギリギリのタイミングで伊藤塾主催の合格祝賀会が開催されました（もし開催が 1 カ月遅かったら，多分開催はされなかったでしょう）。

　通信だったので，知り合いはいませんでしたが，「折角出席したのに何も収穫がないまま帰るのはもったいない」と思い，可能な限りの人に声をかけ，数名の方とLINEを交換して合格同期仲間を作りました。そのうち1人が旧Twitter（現X）を定期的に更新していて，「情報収集のために岩田君も是非やったほうがよい」とアドバイスされました。

　Xのアカウントは持っていたものの，放置していました。久しぶりに覗くと，いろいろな士業の方々が情報発信していて，魅力を感じました。すぐにアカウント名を「＠開業準備中」に切り替え，さっそくつぶやくことに。それと同時に，「来年の開業に向けて，同じくらいに開業予定の方と友達になろう」と思い，積極的にリプライをしてみたり，DMを送ったりして，仲間づくりに励みました。

　実は，友達を作ることには自信がありました。中学生時代から先輩に気に入られることが多かったのですが，Xでももれずに諸先輩方や，同じ開業年の先生達とすぐに打ち解けました。

　今でも行政書士や受験生のコミュニケーションツールとしてXは役立っていますが，コロナ禍では尚更でした。リアルで会うことができない淋しさから，「同期」という言葉がよく使われるようになったのも，この時期ならではです。

　とにかく毎日発信しようと決めて，朝の挨拶代わりに発信して行きました。「おはようございます」の挨拶から始まり，今日の予定など色々つぶやき始めて少し経ったある時，何かが足りないなと感じ始めました。

　丁度その時たまたま見ていたYouTubeの番組中で，キャッチフレーズの話題が出ていました。そこで使われていた言葉がとても気に入ったと言うかしっくりときたので，「これを自分のキャッチフレーズにしよう」と，翌日からその言葉をツイート（現ポスト）の最後に使うようにしました。

「共に前へ」

　今では当事務所の企業理念となりましたが，リアルで会う士業の先生方

にも「『共に前へ』の先生」と言われたりして，愛称にもなっています。

　昔から，地元では小学校4年生の時につけられた「のりたま」というあだ名で呼ばれていました。そういった行政書士としての自分のキャッチフレーズのようなものを自然と求めていたのだと思います。「共に前へ」のおかげか，Xもフォロワー数4,000人を超し，全国規模で同業の仲間や，他士業の先生とつながれました。

いよいよ開業！

　決めた通り，1年後，会社を退職し，いよいよ行政書士としてスタートを切りました。事務や営業の経験がない私が，どこまで通用するのか不安もありましたが，根拠のない自信と勢いだけはありました。

　46歳という中年で，家族を養う必要もありましたが，考えるほど飛び出せなくなるので，深いことを考えないようにしました。元々楽観主義と言うか，能天気な性格であったことが幸いしました。

　スクラップ会社を辞めると決まってから，そこに来る馴染みのお客様には開業することを話していました。お客様からは「そのタイミングが来たら是非お願いしたい」と言われていました。

最初の仕事

　最初の仕事は，予備校で知り合った資格試験仲間が勤務している建設会社の産業廃棄物収集運搬業許可申請でした。

　スクラップ工場の従業員として産廃ゴミの処理をしていたことを話していたので，「是非お願いしたい」と依頼され，二つ返事で引き受けました。

　ただ，「引き受けたのはよいが，どうやって申請して行けばよいか…」。

　手引きを何度も読み返してはお客様と打ち合わせし，必要書類を作りながら各種証明書も代理で取得しました。

　経験値を積むため，できるだけ郵送請求をせず，少し遠くても役所に行って申請しました（今でもそう遠くない場所なら役所に足を運んでいます）。

　自治体によって記入の仕方など微妙に違ったり，コロナ禍での代替処置があったり，申請は難航しました。申請書は先に提出しつつ，収集運搬に必要不可欠な「講習会終了証」（コロナで対面での講習会が出来なくなり暫く講習会が開かれない時期があった）を後で添付するイレギュラーな対応をするなど，契約から約半年後，無事に全ての申請が終わりました。

ホームページを自作，建設業許可申請を受任

　開業から，ホームページの作成にも取り組みました。ドメインを取得し，Wordpressの本を購入して何とか完成させました。「三人寄れば文殊の知恵」という感じで，同期の先生と意見交換しながら，形にしたのは楽しくもありました。

　完成から1カ月過ぎた辺りで，「建設業許可の申請をしたい」と，初めての電話問合せが来たので，こちらがびっくりしてしまいました（電話と言えば，ネット集客をうたう営業電話しかかかってこなかったので正直うんざりしていました）。

　下手でもやはりホームページを作っておいてよかったと喜びました。

　建設業許可申請と言えば行政書士業務の花形であり王道中の王道です。「まさかこんなに早く建設業許可に触れることができるなんて，つくづく自分は幸運だ」と思いました。

　不安やプレッシャーで圧し潰されそうにもなりながら，どうやって許可を進めて行こうかと悩んで先輩に相談をしたところ，申請の方法や建設業許可ソフトの使い方を教えてくれました。教えてもらえなかったら，行政書士としての今の自分はなかったと感謝しています。

　その後も，ホームページから建設業許可の決算変更届や更新の仕事依頼がありました。

開業半年で停滞気味に…

　ご祝儀的な仕事が続きましたが，そう簡単に事務所経営が軌道に乗るはずはありません。半年後から，月の売上がゼロの時が続きました。ご祝儀案件が続き気をよくし，「このまま何もしなくても軌道に乗るんじゃない？」と錯覚したことを反省し，落ち込んでいました。

　それでも，「悩む暇があるなら何か行動に移そう！」と気持ちを奮い立たせ，税理士事務所を中心に外回り営業を開始しました。何故税理士事務所かと言うと，税理士事務所から許認可案件など振ってもらえたら，お互いwin-winの関係になれるだろうと考えたからです。

　営業経験がないので，ドキドキしながらとにかくチラシだけは置いて回りました。すぐに仕事が来ることはありませんでしたが，話を聞いて下さる方や，交流が始まった方もいます。アナログでも手ごたえを感じました。

行政書士1年目を語る会

　営業活動とは異なりますが，オンラインで「行政書士1年目を語る会（第2回）」を主催しました。数人のパネラーがそれぞれ自らの開業1年目について語る無料イベントですが，第1回目には私も聴講者として参加させてもらっていました。

　第2回の主催にあたっては，1回目の主催者に許可を得たうえで，個性豊かな同期の仲間達を誘いました。当日は許認可申請編，ママさん開業編，副業開業編などに分かれてトークセッションを行い，100人以上の参加者を集めました。

ホームページの作り直し

　WordPressで作ったホームページは，素人感があったので，作り替える

ことにしました。ただ，制作業者に丸投げで頼んだとしても，結局記事は自分で書かないといけないし，管理も何処までしてくれるのかわかりません。

そこで，月額6,000円位でデザインや更新を自由に行えるサービスを使うことにしました。オープンまでは制作業者がある程度完成させてくれ，その後の更新を自ら行います。

地道に半年ほど業務内容や建設業許可申請に関する記事など少しずつブログを増やしていくと，「東京都」「建設業」のワード検索で，上位のほうまで上がってくるようになりました。

SEOで上位に表示されるようになって，初めてリスティング広告が活きてくると聞いたので，まだリスティング広告はしていません。それでも最近では，ホームページからのお問合せが徐々に増えてきています（現在は，しっかり視覚に訴えられる建設業専門のLP（ランディングページ）や産廃のLPを制作し，リスティング広告に載せようと検討中です）。

自動車業務の開始

売上が厳しい月が続いているとき，支部主催の新入会研修会がリアルで開催されました。研修会終了後，支部の先輩に「この支部内で自動車業務をできる先生を少しでも多く出したくて，岩田先生，よかったらうちの事務所に来て自動車登録の勉強をしてみないか？」と声をかけていただきました。早速伺うと，自動車業務では全国的に知られている大手行政書士法人でした。従業員の方に優しく丁寧に1から教えていただき，OSS申請ソフトを入力しながら少しずつ覚えました。

車の運転は好きですが，自動車登録や車庫証明の申請は初めてでした。「こんなチャンスは誰にでも巡ってくるものではない！」と必死に食らいつき，今では基本的な登録申請や必要書類が把握できるようになっています。

　だんだん色々と忙しく動き回るようになり，更なる業務拡大を考えていると，これまた他の支部の先生から「岩田先生，出張封印を取ってみたら？」とアドバイスを受けました。

　なんとか合格し，出張封印業務を取り扱えるようになると，先輩から某飲料メーカーの車両基地でナンバーを20台分交換する仕事を紹介されました（出張封印再々委託業務と言います）。

　台数の多さに一瞬怯みましたが，折角いただいた大チャンス，丁種試験に合格した同期と一緒に交換しました。その後もさまざまな場所での出張封印業務の委託を受け，約1年で200台を超える施工実績を積んでいます。

これから

行動あるのみ！

　不思議なもので，行動を起こしているうちに，自然とそこに流れが生まれます。コロナ禍に売上ゼロの月が続き，一時はどうなることかと思いましたが，事業復活支援金の給付が始まり，行政書士がその登録確認機関となり，確認や申請代行等の支援をするうちに，いろいろな会社とのつながりができました。そういったつながりが活き，紹介が紹介を呼び，許認可申請の仕事も増えてきています。

　これからの展望としては，開業当初から漠然と描いていた「5年以内に法人化」という目標達成です。今はスポット業務が中心ですが，建設業公共工事入札の業務などにも幅を広げていきたいと考えています。

スクラップ工場勤務の経験を活かして

　今は来る仕事をできるだけ受けていますが，これからメインとして考え

ているのは，産業廃棄物収集運搬業許可です。スクラップ工場勤務だった
ので当然産業廃棄物には馴染みがあります。人生経験を活かし，16歳の生
意気小僧を育ててくれた古巣に少しでも恩返しできたらと考えています。

　そこで，「産廃専門」をできるだけアピールし，発信するようにしていま
す。すると，行政書士仲間や他士業から，「産業廃棄物の申請をお願いで
きますか？」「産業廃棄物について教えてください」と声がかかるように
なってきました。

　もちろん，産業廃棄物に馴染みがあったと言っても，法令の観点や書類
を作成するといった実務思考がまったくなかったので，当初は書類作成に
大変苦労したのは言うまでもありませんが，開業3年目を迎え，産廃許可
の中でも，積替え保管場所の申請や，更にはエコアクション21など，難易
度が高めの申請も出来るようになってきています。「西東京で産廃許可に
強い行政書士と言えば岩田！」と言われるよう，精一杯頑張って行きたい
と思います。

> ## Message
>
> 　最初から専門特化するのか，オールラウンドに業務をこなすかは，地域
> 差やその人自身のバックグラウンドにより影響を受けますので，柔軟に考
> えながら検討を進めて行っていただきたいと思います。
>
> 　それではよい40歳過ぎの行政書士ライフを思う存分楽しんでください。

FILE 6

50代，学習量とYouTubeで一発合格！相続・遺言×不動産のシナジーで活路を見出す！

町田大光 （まちだ・だいこう）

▶受験開始／合格／開業登録：2021年（56歳）／2022年（57歳）／2022年（57歳）
▶予備校等：オンライン予備校に申し込むも，あまり使わずほぼ独学
▶開業資金：60万円程度；自己資金。
▶支出内容：行政書士会登録費，事務所ロゴ印刷物製作費，ホームページ制作費，事務機器費用など。神奈川県では宅建業の要件をはずさなければ行政書士との兼営が認められているため，事務所の一角を改装し共用。

PROFILE

静岡県富士市出身。早稲田大学法学部卒業後，リクルート入社。38歳で退職し，サッカー好きが高じ友人と会社設立。JリーグやJFA関連の業務を経験。2005年に独立し，有限会社kokochie設立。「湘南隠れ家不動産」「ここちいい家づくり相談（社名／事務所名の由来）」というサービスを軸に広告／不動産業を開始。2008年宅建士取得。「相続・遺言×不動産」を見据え，2022年行政書士開業。長男(27歳)は，藤沢市議会議員。

現在の仕事の割合

行政書士：5.5割（うち，相続・遺言8割,不動産関係2割(親子間の不動産売買契約書や不動産にまつわる書類作成)，許認可0割。他分野の業務は知り合いの行政書士を紹介）
不動産経営：4.5割

売上の推移

開業初年度：期間も短く僅かな売上　約20万
2年目（純粋な行政書士のみの収入）：約300万見込み。
ただし，相続・遺言との連携による不動産関連の売上がプラス500万円程度。行政書士の副次的効果が不動産にも好影響を与え，あわせると約20％アップ。

行政書士を志したきっかけ

湘南エリアの不動産が異常事態に！

　2005年より，湘南エリアの不動産の仲介と建築会社をクライアントとする広告の会社を経営してきました。

　2020年には，コロナ禍によるリモートワークにより持ち家志向が強まり，湘南には移住希望者が殺到。「よかった！　湘南の地で不動産業を選んでおいて。これからの仕事人生は安泰だ」と正直思ったくらいです。

　しかし，明るい未来予想とは裏腹に，2021年に予想していなかった異常事態に見舞われます。湘南エリアのあまりの人気により，「物件が枯渇し売り物がない＝いくら集客できても売上が作れない」という状況に陥ったのです。また，広告業も，建築会社が先行き不透明のため出稿意欲が減退し撤退を余儀なくされます。売上も半減。まさに先行きが見えない状況に陥りました。

「待っていても仕方ない」行政書士取得を決意

　「これはまずい」「待っていても仕方ない。不動産の売却情報にこちらから関わっていかなければ」「相続・遺言に関われば，不動産情報に関われるはず…」そう考え，行政書士試験への挑戦を決めました。

　ちなみに，資格試験挑戦には，「裏の理由」もありました。私は運動が好きで，湘南らしいサーフィンをはじめ，ジョギングや筋トレ，少年サッカー指導などに忙しくしてきました。それが，五十肩と腸脛痛になりできなくなり，仕事にもプライベートにも大きな暇ができたのです…。

合格するまで

オンライン予備校に挫折，独学に切り替えて一発合格

2021年3月頃，意気揚々とオンライン講座を申し込み，勉強を開始しました。ところが，動画視聴の単元終了ごとに問題演習に挑戦するものの，まったく解けません。1カ月は動画視聴を続けましたが，続けていても問題が解けるようになる気配はありません。このときは，「何て難しい試験にチャレンジしてしまったのだろうか…」と途方に暮れました。

膨大な量の動画視聴と問題演習をしても見通しが明るくならず，すがるようにYouTube動画を見漁るようになりました。「マジでイケてる行政書士講座【ゆーき大学】」，「行政書士独学応援」，「【行政書士受験ちゃんねる】たかピッピ」等を特に視聴。5月初旬の頃です。

複数の独学系のYouTuberが『合格革命 行政書士 肢別過去問集』（早稲田経営出版）の回転が有効だと発信しているのを知り，「この方法に賭けてみよう」と決意を新たにしました。

仕切り直し後は，学習時間の主体をこの1冊とし，400ページ程度ある分量をまず3つに分けて，毎日ノルマページ数を決め，1週間に1回転を学習の基本と据えました。本試験までにおそらく通算で20周以上は回転したと思います。

勉強時間

行政書士に合格するまでの時間数は，巷では，600〜800時間と言われます。ただ，その真偽はわかりません。私自身は「600〜800時間では足りない。そうとうやりこまないと自分は合格できそうもない」と思いました。

そこで肢別過去問集を中心と据えた5月から「月間150時間×7.5カ月＝

約1,100時間」という目標を掲げてリスタートしました。学習時間のうち，肢別過去問集に費やす時間を半分とし，残りの半分を動画視聴や過去問他の学習に充てることとしました。

【1カ月あたりの目安】

休日　10時間×8日〜10日で80〜100時間

　　　（配分　朝食前：1時間半／午前：2時間半／午後：3時間／夜間：3時間）

平日　3時間以上×20日程度で60〜70時間以上

　平日は，朝6時から1時間半程度学習し，それ以外の仕事の合間や夜に1時間半以上できれば御の字とし，3時間以上勉強できると，自分の中で「貯金」ができたと捉えました。

　仕事や付き合いで夜に勉強できないことも多々ありましたが，朝や隙間時間に勉強していると，「頑張ったから，まぁいいか」と思えるよう取り組んだのがよかったです。

　とはいえ，そもそも経営する会社の仕事が以前ほど忙しくなかったので勉強時間がとりやすかった…というのは何とも皮肉なものです。社長（＝私）が勉強していても，会社の仲間も違和感なく受け止めてくれました。また，勉強当時は，長男が社会人，次男が大学生で，子育てがほぼ終わっていたのも大きかったです。次男のアメフトの試合観戦など，何か予定があるとわかっているときは，そのぶん前もって「貯金」の勉強をしていました。そうして結果的に，通算1,500時間以上は学習に費やしました。

勉強法など

①　模試は受けなかった

　自己の実力を測るために模試は大事だと言われますが，5月リスタートで時間的に余裕がなかったので，あえて受けませんでした。もちろん，物差しがない状況に不安はありましたが，「模試は所詮本番試験と異なるの

で受けて一喜一憂する必要はない」「試験当日が最高の状態になればいい」と考え，淡々と努力を継続しました。ただし過去問本試験を3時間で解くことは何度もやってはいました。

② 人に教えることで知識を定着

移動時間などを人と共にする際には，同行者に憲法や行政法の判例を話題にして語ること，教えることで知識の定着を図りました。

③ 常に一般知識のネタにアンテナを張る

人との雑談や新聞や書籍は，「一般知識に出るかも」と意識して過ごしていました。実際，2021年の一般知識に「自動運転」が出題されたのですが，何気ない会話で知った知識が正答に導いてくれました。

④ YouTube動画に頼った記述対策

記述問題は，過去問を解いても，記述問題集を2冊ほど解いてもまったく歯が立たず困っていました。「こりゃ運ゲー，お手上げだ」と思っていたところ，「動画で民法がわかーる。【行政書士試験対策】」の「目指せ36点‼ 最弱の記述式攻略法！」という動画を見つけました。課金して，2カ月半徹底してこの講座に取り組んだところ，運がよかったのかもしれませんが，本番で48点という高得点を叩き出せました。

⑤ 試験の解答順序を決める

模試は受けなかったものの，試験問題へ解答する順番は，あらかじめ決めていました。文章理解は必ず3つとも取らないといけないので，焦りは禁物と考え，最初に落ち着いて解くようにしていました。次いで，あまり時間をかけずに一般知識の47問〜57問を解いていき，その後に，憲法基礎法学の1問目から順次法令の択一をこなし，最後，記述に充分な時間を残すよう配分しました。

⑥　皆が解ける問題を確実に取る

　行政書士試験は，皆がわかる易問を確実に取ることが合格の近道です。試験が近くなっても，不安から新知識の習得に走らず，基礎固めのため肢別過去問集を欠かさず解くようにしていました。

　実際，本番での私の択一の正答率は，試験後に発表された大原ＡＢＣランク分けごとに見てみると，以下の通りでした。

A問（易問）　116点/120点（正答率96％）
B問（難問）　26点/72点（正答率36％）
C問（最難問）　24点/48点（正答率50％）

　肢別過去問集の徹底等，基礎を大事にした結果，易問を確実にゲットできたことが，合格の勝因となりました。なお，C問の正答率が50％と高いのは，ほぼ運だと自覚しています。

　ちなみに，個人的には，以下のような運ゲー対策（？）を探り当てました。閑話休題的に紹介しますが，それくらい追い詰められていたと思っていただき，どうか笑ってやってください。あくまでも「あてにならないノウハウ」です。責任は持てません。

【やむに已まれぬ試験対策（？）】※注意　これらは，本当にあてにしないでください。

①　過去５年間の択一正解肢をチェックしたところ，１問目の正解肢が５年連続「１」と気が付く。「これで苦手な基礎法学を確実に１問ゲットできる！」と思いました。当日は「５」か「１」で迷うが，行政書士試験センターのセオリーに賭けて，「１」にしました。結果は正解肢「５」。賭けに破れました…。

②　過去５年間の択一で正解肢が１〜５の内，何番が多いかチェックしたのですが，各年とも各番号の正解肢の比率は約20％でした。ただ，民法だけは５年45問で「１」が正解肢だったことは２度しかないことに気が付く。そこで，「１」と「何か」で迷ったら，「何か」を選ぶことにしたところ，本番で民法の「１」が正解肢はゼロ。この賭けには勝ちました。

一発合格を支えてくれたYouTube

　勉強中は，一発合格を目標に掲げてはいましたが，「もし落ちても今回が最後。もうこれ以上は頑張れない」という思いでした。淡々と学習時間やノルマを決め，それを機械的にこなしていました。「試験当日，誰よりも自分は頑張ったのだと思って試験会場へ行くように」という独学応援の佐藤浩一氏の言葉をそのまま実践しました。

　夜，眠りにつく前にはリラックスしながらYouTubeの行政書士チャンネルを聞き，夜半に目が覚めたりするとまた聞き，というYouTubeと共に過ごし，支えてもらった勉強期間でした。

　気持ちが折れそうになった時は，「行政書士独学応援」の佐藤氏の動画や，「行政書士青猫ちゃんねる」の「行政書士独学合格に肢別過去問高速回転が最強の理由」という動画を見て，己の心を奮い立たせていました。

合格後

4,000部のチラシ配布

　開業直後は，「行政書士として何からはじめたらよいか」わからず，また，躊躇する気持ちがあり，なかなか動けませんでした。しかし，「頭でっかちにならずに，相談機会を増やすための営業をまずはやってみよう」と決めました。

　まずは，タウン誌の広告掲載や開業案内，ホームページ制作など実施しました。最も成果があったのは，地元行政書士仲間（幸松裕子氏）と一緒にチラシを制作し配布したことです。近隣の戸建に4,000部を配布しましたが，チラシは結構重く，なかなか大変な作業でした。

【チラシ作戦の役割分担】

・原稿作成担当＝私，原稿校正デザイン印刷手配担当＝幸松氏
・電話受付と相談環境を私が用意。
・男女行政書士の連名にすることで，イメージが優しくなることを狙った。
・協働することで，相談を受ける際の不安が共有でき，遺言執行者就任に関する知識を補いあえたりするのもよかった。

配ったチラシ

協働した行政書士の
幸松裕子氏と

【チラシによる訴求内容】

・対象者を拡げるため，遺言と相続に加えて不動産相談を入れ込んだ。
・「遺言って必要ですか？」「付言はラブレター」「エンディングノートの書き方」の3つテーマを設定しプチセミナーを告知。

　さらに，作成したチラシを持って，ケアマネージャー向けに勉強会をしている地域包括センターを訪問しました。すると，社会福祉協議会から「親なき後問題」勉強会を依頼されたりもしました。勉強会は，切実な質

問が多々あり学びがありました。さらに，受任にもつながりました。

　こうやって，地道なチラシ配り等で相談機会が増えると，次第に受任が増え，実務経験を積むことができました。その経験が次の機会につながっています。現在は，新たな顧客との出会いを求め，チラシ配布に加え，建築会社との連携模索，仲間との勉強会，地元活動等など，さまざまな新しいことに取り組んでいます。

大事にしていること。リクルートで学んだこと

「自ら機会を創り出し，機会によって自らを変えよ」

　私の世代のリクルート出身者なら，ほぼ皆の脳裏に刻まれているメッセージです。そのメッセージを胸に，今も挑戦を続けています。

　「リクルート出身だから営業が強いでしょう」と言われますが，何も特別なテクニック等はありません。

　「雑談からコミュニケーションを拡げていって，相手のことをよく知る→ 相手のことを知れば知るほど相手のことが好きになる→ 相手も話をじっくり聞いてくれるこちらのことを気に入ってくれる」に尽きます。これを経験則で体感し，身につけてきました。このサイクルの継続が潜在的な悩みを察知し，解決の糸口を見出すことにつながります。

　例えば，遺言の実務においても，遺言者との何気ないコミュニケーションが活きます。遺言には「付言」といって，法的拘束力こそないものの，残された人たちへのメッセージを記すことができます。この付言の文案作成の際には，「遺言者が家族に何を伝えたいのか」を汲み取るコミュニケーション力が必要です。細やかなコミュニケーションから作成した付言について，遺言者から「何度読んでもこの文章は，いいね」と仰っていただいたり，付言を読む際に目に涙を湛えながら文案を読んでいただいたときには，私も感動します。

不動産×行政書士のメリット

不動産経営者ではありますが，今は行政書士であることを前面に打ち出しています。資格があることで，お客様から信用されやすく，相談しやすく感じてもらえるからです。

また，私が直接相続に関わっていない不動産の案件でも，お客様の悩みを理解しやすくなりました。もし，行政書士試験に受からずに漫然と不動産業のみをやっていたら，お客様の悩みに寄り添えたか？ 業務の幅が拡がったか？…考えるとゾッとします。

ほかにも，行政書士合格後に知り合った相続を手がけている他士業の方から，不動産売却の依頼を受けることもあります。このような他士業とのつながりは，不動産経営に好循環をもたらしてくれます。

ひとつ事例を紹介します。「亡父（＝被相続人）の不動産（母独居の都内の自宅，その他1物件）がそのままになっている，どうしたらよいか」と相談され，遺産分割協議書作成や戸籍収集など相続手続きを受任し，司法書士と連携し相続登記しました。さらに，都内の自宅を処分したいとのことだったので，売却は私の会社で担当しました。その際には残置物整理，解体，確定測量調査の手続きから不動産売却までのすべてを一気通貫でサポート。不動産×行政書士だからこそできる視点で，お客様に提供できるメリットも大きいと感じています。

これから

傍（はた）を楽（らく）にする

「働くとは，傍（はた）を楽（らく）にすること，自分のために働くことは＝じだらく（自堕落）である」

先輩に教えられた言葉です。

正直，これまで自分は楽になりたい，自由になりたいと思って働いてきましたが，行政書士になって，傍（はた）を楽（らく）にするのもまた一興だという境地に達しました。

そして，相続・遺言，とりわけ遺言信託については，傍（はた）を楽（らく）にするだけでなく，「日本を取り戻す」ことにつながるくらいに意義深さを感じています。家族間，特に兄弟間で争う「争続」は，家族をバラバラにします。家族の崩壊は，ひいては日本を弱体化させていく一因です。「争続」にならないよう遺言信託の啓発をライフワークにし，円満相続，日本のよさを後世に伝えることにつなげられれば，と考えています。

Message

合格のためには，大きな代償が必要です。遊んでいる時間はありません。合格率10％，しかも受験者は人生を変えようと意気込む意識の高い人たちです。その上位１割に食い込まないといけない過酷な試験です。

また，合格後に仕事を取ることも大変で，知恵と努力が必要です。

ただし，安心してほしいのは，試験をクリアした人であれば，実務をこなしていくために調べたり学んだりする力や，業務を完遂する実務力は身についていると思います。

かくいう私も，まったくの未経験分野でのリスタートですが，50代後半にして，営業を一所懸命した結果，実務経験を積むことができ，それが次の仕事につながっています。

私にとって56歳での行政書士試験は無謀かつ向こう見ずなチャレンジでしたが，取り組んで，本当によかったと思っています。

パート主婦から，
不動産会社勤務を経て独立開業。
今だからこそできることがある

小網智子（こあみ・ともこ）

▶受験開始／合格／開業登録：2019年（48歳）／2021年（50歳）／2022年（51歳）
▶予備校等：1回目 TAC（神戸校）／2回目 伊藤塾（通信）／3回目 LEC（梅田校）
▶開業資金：200万円
▶支出内容：行政書士登録料約30万円，事務所賃貸15万，机，キャビネット家具やコピー機等備品30万，HP広告費等30万円，書籍や講座等20万，残りは毎月の事業固定費（約半年分）と交際費（御祝のお返し含む）

PROFILE

行政書士オフィスken代表。兵庫県西宮市在住。沖縄県立八重山高校卒業。2022年1月行政書士試験合格，5月行政書士登録，事務所を開設。趣味は，易学，山登り，神社仏閣めぐり。「農業×福祉×不動産で活きる居場所づくり。ヒトコトモノが活きる社会に」がキャッチフレーズ。単体だけではなく農福連携など組み合わせることで，それぞれの役割が活かせる事業のサポートを目指している。好きな言葉は「日々是好日」。西宮と石垣島の二拠点生活が夢。ホームページ：https://www.office-ken.biz/

現在の仕事の割合

許認可：6割

相続：2割

その他：2割（複業）

売り上げの推移（行政書士業務のみ）

1年目：25万円

2年目：250万円（1月現在　※5月開業）

はじめに

　「農業×福祉×不動産で活きる居場所づくり。ヒトコトモノが活きる社会に」をキャッチフレーズに，兵庫県西宮市で行政書士として活動している小網智子と申します。

　パート主婦から，30代で宅建士等資格を取って不動産会社の正社員となり，その後，50歳を過ぎて行政書士資格を取得，独立しました。本稿では，私の合格と独立開業について書かせていただきます。お役に立つことがあれば幸いです。

行政書士を志したきっかけ

子育てしながら多数の資格を取得，30代後半で正社員に

　両親が離婚し，少し複雑な家庭環境で育ちました。そのため，若いころから「結婚するより1人でも食べていける仕事に就きたい！」という気持ちが強くありました。

　けれど，思いのほか早く結婚。

　結婚を決めたときに考えたことは，「将来，子どもが生まれたとしても，いずれ成長して独立する。そうなったときに子離れできない親ではなく，自立した1人の人間でいたい。社会で働いていたい」ということです。

　高卒で，資格を何も持っていなかったので，「このままでは，将来，仕事を選べない」という危機感がありました。そこで，子育てをしながら簿記2級，製菓衛生師，ヘルパー2級，FP2級などの資格を取りました。また，社会とつながり続けようといろんなアルバイトを経験しました。

　そして，30代後半で子育てが少し落ち着いたころ，宅建士を取得し，不動産会社に正社員として就職することができました。

不動産会社で働くうちに，行政書士を志すように

　行政書士に挑戦しようと考えたのは，不動産会社で働いていた際，営業先の地主さん達から相続の悩みについて打ち明けられることが多々あり，「相談に乗ることができる立場になりたい」と考えたからです。また，「そうすることで会社の役に立つことができるのでは」と考えており，独立する意思など毛頭ありませんでした。

合格するまで

年齢的なハンデに苦労しながら，３年目で合格！

　行政書士試験は，３年目で合格しました。

　１年目と２年目はフルタイム勤務と家事との両立の中での勉強が大変でした。

　子育ては落ち着いていたものの，アラフィフという年齢的な問題か，「目が見えにくく疲れてしまい集中力が続かない…」という問題がありました。長時間続けても頭に入ってこないので，「25分間勉強したら休憩を５分とる」というポモドーロ・テクニックを取り入れるなど，工夫して乗り切りました。また，移動中などには自分の声で録音した憲法条文を聞くなどもしていました。

　２年目はかなり頑張って勉強したものの，本番当日に緊張のせいか頭が真っ白になってしまいました。「まったく解けない」という予期せぬ事態に，「どんなに頑張っても本番でこんなふうになるなら，合格はもう一生無理だ」と思い，帰宅後は子どものようにワンワン泣きました。これまでいろいろな資格試験を受けてきましたが，こんなことは初めてでした。

　そんなこともあり，心機一転，「会社を辞めて勉強だけでなく，ほかに

好きなこともして生きよう」決めました。「また一生懸命やってダメだったら？」「コロナで明日死んでしまったら？」「残りの人生を勉強だけで終わりたくない」という気持ちがあったからです。その決意どおり，友人が始めた地域の高齢者のつどいの場を手伝ったり，易学を学んだり，ホットヨガに通ったりと好きなことをしながら，試験勉強に取り組みました。

そんなふうに肩の力を抜きながら，挑めたのがよかったのでしょうか。

3年目の本番当日は自分の持っている力を出し切ることができました。通っていた予備校で，学習終了後も受講生同士で繋がり，試験本番まで一緒に勉強できる場を作ってくれたことも大きな励みになりました。

目につくように，自分でまとめた表をトイレやキッチンに

直前期は朝から晩までコワーキングスペースで

「お母さんなら合格できると思ってた」

　試験合格までの紆余曲折を，家族は黙って見守ってくれていました。

　実は，10年以上前の宅建士試験の際は，「そんなのお母さんが受かるわけない。万一，受かっても何も役に立たないよ」と家族から笑われていました。しかし，宅建士試験に合格し，更にその後，正社員として就職する姿を見て，「頭が悪いお母さんが努力してやり遂げた！」と天地がひっくり返ったかのように感動してくれたのです。

　そんなことがあったからか，行政書士試験合格を伝えた際は「お母さんなら合格できると思ってた」と言われました。信じてくれていたのが，嬉しかったです。

　独立を決めたときも，反対するどころか，「軌道に乗せるまでは大変だろうから困ったときは援助する」とまで言ってくれました。

合格後

事務所を借りて開業

　合格後はすぐに独立しましたが，実際さまざまなお金がかかりました。

　まず，自宅開業ではなく事務所を借りたのでその費用です。さらに，事務所設備（書庫やプリンター，電話機など）費用もあります。

　挨拶状も200枚ほど出しました。ポストカードでお知らせした程度でしたが，有難いことにたくさんお祝いをいただき，そのお返しで10万以上，思わぬ出費となってしまったのは誤算でした。

　ホームページ作成や広告費等には，兵庫県の起業家支援の助成金をあてました。開業は5月でしたが，助成事業期間は8月から翌年1月。開業を8月にすればもう少し，自己資金の出費が抑えられたのかなと思います。

事務所

挨拶状

事務所のコンセプト

　よく聞かれますが，事務所名「行政書士オフィスken」の「ken」は，易経の卦「地山謙」の「謙」が由来です。

　「謙は亨（とお）る。君子，終（おわり）あり。」

　謙遜の態度をもって進むならば，道は通り，最終的に志を成し遂げることができるという意味があります。

　偶然にも行政書士の徽章，コスモスの花言葉は「謙虚」であり「許可を通してお客様の夢をサポートする」という行政書士の使命にぴったりの名前だと思っています。

　人生にはよい時，悪い時がありますが，その兆しの読み解き方を学べるのが易経です。すれ違う人の会話や，車のナンバー，空の雲の形や色…そんなものからも，兆しのメッセージが受け取れる面白い学問です。

　実は，合格できた試験本番当日も，机に貼ってある受験番号から「大丈夫！　自信を持って行け！」というメッセージを受け取り，勇気をもらって試験に挑むことができました。2年目の試験と違い，自分の力を出し切れたので，「不合格だったとしても悔いはない」と終わったあとは爽快感に満ち溢れていたのを覚えています。

　行政書士業務でわからないことは，本や六法全書で調べたり，同期や先輩方に聞いていますが，それ以外の選択で迷ったり悩んだときは，今も易に聞いています。私にとってなくてはならない存在です。

地山謙は易学の卦の言葉で，事務所名のkenは「謙」が由来

ロゴも地山謙から
イメージして作成

最初の仕事のご縁が，顧問契約につながる

　最初の仕事は，障害福祉事業を行っている知人からの古物商許可申請の依頼でした（今考えるとご祝儀的な依頼だったと思います）。

　そして，その知人から障害のある方のグループホーム（共同生活援助）を紹介され，日曜日に世話人（※）をすることになりました。さらに，その事業所で許認可や届出等を行う行政書士として，顧問契約を結ぶことができました。

※世話人…利用者さまの悩みを聞いたり，行動の見守りや家事のサポートを行う直接の
　支援業務

　この事業所に内外で関わり，困っていることや必要なことを知ることができたのは，行政書士としての強みになったと感じています。

これから

障害のある方の居場所づくりを

　障害福祉サービス事業を行うための指定（許可）は,「設備基準」という建物に関する要件が定められています。そのことを行政書士の資格勉強を始めて3年目,障害のある方のグループホーム用の戸建住宅を売買仲介したことがきっかけで知りました。

　公費が支給される障害福祉の制度は,煩雑で難しく,理解するためには勉強が必須です。けれども運営事業者においては,経営者自身が現場に入ったりして日々の支援業務が忙しく,制度を学ぶ時間が取れないというケースが多いです。そのため,「知らないこと」による不利益が生じる場合があります。

　私は家庭環境もあったかと思いますが,子供のころから生きづらさを抱えてきました。また,子を持ち,グレーゾーンや発達障害という言葉を知り,生きづらさを感じるのは家庭環境のせいだけではないとわかりました。

　障害福祉サービス施設は,そのように生きづらさを感じる方達の「居場所」の一つです。私は,その「居場所」を守るため,運営されている事業者に不利益が生じないように,顧問としてお手伝いをしています。今後は,宅建士の資格と経験で設備基準を踏まえた物件探し,そして行政書士として指定申請業務後は世話人としての現場目線を活かしつつ,運営サポートを行うとともに,障害のある子どもを抱える親に向けて「親なきあと問題」の相続業務に関わっていきたいと考えています。

　障害のある方やグレーゾーンなどで悩んでいる方の生きづらさを少しでもなくすため,そのための居場所づくりを目指して活動していきます。

信頼できる仲間作りと連携できる仕組み作りが課題

2024年5月で開業して丸2年になります。

これまで事務所経営のために必死でさまざまな仕事を取ったり，いただく仕事はすべて受けてきました。しかし，それでは煩雑な「障害福祉」をとりまく法改正や制度に対応できず，いつまでたっても知識を深めることができないことを実感しました。

障害福祉の専門性を深めていくためにはほかの業務はしないという選択も大事と思い，今後は，障害福祉以外の許認可業務の依頼は同業者へお願いする，もしくは協業するなど，やり方を移行していきたいと考えています。

そのための信頼できる仲間作りと連携できる仕組み作りが課題です。

Message

私の最終学歴は田舎の高校卒業です。宅建士を受験する30代後半まで，法律を勉強したことはありませんでした。それでも，50歳を過ぎて行政書士試験に合格し，開業することができました。

年齢的に「遅い」と感じる方もいるかもしれませんが，私は50歳を過ぎた「今」だからこそ開業できたと思っています。

それは，結婚して妻となり母となった経験，パートを含め様々な職種経験で得た知識や人脈，その経験があるからこそ生まれるアイデアが沢山あるからです。

行政書士業務は一般的に知られている以外にも数えきれないほどありますが，それらはその経験から掘り起こすこともできます。

人によってスタートのタイミングは違うかもしれませんが，始めたい，やりたいと思ったそのときがチャンスかもしれません。

共に「今」を活かしましょう。

FILE 8

障がい福祉事業者とともに 障がいがある人が輝ける社会を 目指したい

渡邊巨樹（わたなべ・なおき）

▶受験開始／合格／開業登録：2019年（44歳）／2021年度試験（46歳）／2022年（47歳）
▶予備校等：1回目 独学　2回目 LEC　3回目 アガルート
▶開業資金：融資受けて100万円
▶支出内容：登録費用／プリンター等事務機器（10万円程度）／書籍やセミナー費など

PROFILE

行政書士Gura（ぐら）法務事務所代表。

山梨県出身。世田谷区在住の2児の父。2010年頃まで俳優として舞台やテレビ・ダンサーとして活動。活動休止後はコールセンター運営会社に就職し正社員として勤務。2022年に東京都世田谷区で開業。

現在の仕事の割合

障がい福祉：6割

在留資格（ビザ）関係：3割

その他：1割

売り上げの推移

1年目：軽自動車（新車）の不人気車種が買えるくらい

2年目：乗用車の人気車種が買えるくらい

行政書士を志したきっかけ

東日本大震災でのボランティア活動を機に，行政書士を志す

　現在はだいぶふくよかになったため，その面影がまったくありませんが，元々はプロダンサーでした。

　山梨県から役者を目指して上京し，役者として舞台やテレビ等に出演，人気のコメディー劇団に入団して活動していました。

　またダンサーとしても活動するようになり，国内のみならず海外（カナダ，ニューヨーク）公演にも出演。海外での受賞歴もあったりします。

　その傍ら，種々のコールセンターで長年アルバイトをしていました。大手IT商社，通信会社，中小企業や行政窓口などの多くの業種に携わり，オペレーターとしてお客様対応や，管理者としてコールセンターの仕組み作り，運用などさまざまな業務を担当してきました。そして30代半ばで結婚したことを機に，舞台活動を休止，コールセンターの運営会社に就職しました。

　ちょうどその頃起きたのが，東日本大震災です。ニュースを見て，居ても立っても居られず，福島・宮城の自治体に電話してボランティア活動を志願しました。震災直後は「団体ならいいけど個人での受け入れは…」と何カ所もお断りされましたが，宮城県の亘理町は受け入れてくれ，友達数人に声をかけて東京から車で現地へ行きました。そこにはテレビで見た以上の大変な被災地の状況があり，多くの困っている方々がいました。役場の担当者に依頼されたのは，津波の被害に遭われた家屋の泥かき等でした。

　被災されたご家族の話を聞き，支援の手が不足していることを目の当たりにして「もっと自分にできることがあるのではないか」「もっと役に立ちたい」そう思うようになりました。

　また，私が20代のときに両親が他界しました。実家はかつて飲食店を営

んでおり住宅ローンや相続が複雑で大変苦労しました。そのときに法律に無知だったことに無力さを感じ，「法律に詳しくなりたい」と思いましたが，「自分の学歴では無理だ」と諦めていました。

　そんな中，行政書士であれば，学歴関係なく受験ができ，地域の役に立てるということを知り，目指そうと思いました。

　ただ，教材を買い集め，少し勉強を開始してみたものの想像以上の難易度に心が折れ，子どもが生まれるなどの環境の変化もあり，いったん断念していました。

　勉強を再開したのは，40代半ばになってからです。これまで自由に生きてきましたが，定年後や子どもの将来のことなどを考え，「やはり行政書士を取得したい」と考えるようになりました。周囲にも，学校の教員だった方が定年退職後に通信大学に通いなおしたり，銀行を定年退職後に裁判所の調停員になって地域に貢献している方がおり，その姿に背中を押されて「今からでも遅すぎることはない」と挑戦を再開しました。

　しかし，仕事をしながらの資格の受験勉強は想像以上に大変でした。まず，勉強時間を確保するのが大変で，子供もまだ小さかったため手もかかり自宅での勉強が全然はかどらない。そもそも，私は高校を中退して荒れた生活をおくっていたので，勉強にはまったく縁がなく受験勉強の経験もありません。そのため，勉強の進め方がまったくわからない。まさにマイナスからのスタートでした。

合格するまで

1年目は独学

　1年目は独学でした。ひたすら肢別過去問集を繰り返し解いていました。はじめての受験は，箸にも棒にもかからず，90点台でした。今，振り返る

と繰り返し解くことに必死で，それだけで理解した気になっていました。「独学では合格は難しい」と思い，２年目はLECの通学コースを選択しました。講師の先生から問題を当てられてもスラスラ答えられているほかの受験生のレベルの高さに驚きました。自分はまったく答えがわからないので，当てられないように後ろの席で隠れるように受講していました（笑）。自分のレベルを思い知ったので，勉強時間を増やし，勉強計画も立てました。順調に勉強も進んでいたため，手ごたえを感じていました。

　しかしながら，２回目の受験は168点という惜しい結果でした。

「これで最後にしたい」３回目で合格！

　「これで最後にしたい」と３回目はアガルートに申し込みました。そして，平日は３〜４時間，土日は６時間以上，継続して１日も欠かさず勉強しました。お昼休みや通勤時間等の隙間時間も，すべて勉強漬けでした。８月くらいになると，苦手な民法にも手ごたえを感じられるようになりました。さらに直前期はアガルートの田島圭祐先生の一般知識のYouTubeでの無料講義を利用するなどして（バッチリ当たりました！），おかげで190点という点数で合格することができました。

　合格してわかったのは，行政書士試験は「基礎知識を正確に理解する」ことが大事だということです。２回目などは，「あれも」「これも」と手を広げて焦っていましたが，合格ラインに近づけば近づくほど，「基礎知識で解ける」ということがわかるようになりました。

時間帯・曜日で勉強科目を変える

　朝５時台に起きて，民法の勉強するようにしていました。苦手な民法を，仕事で疲れている夜の時間帯にやると効率が悪かったからです。考える科目は，朝の頭がすっきりしている時間に勉強するようにしていました。人

間の記憶力というのは翌日には70%以上を忘れると何かで読んだので，少しでも記憶を定着させるために30分間は前日の復習をすることに時間を使いました。

　また，直前期には，曜日によって勉強科目を変えて勉強していました。具体的には月曜日は民法と憲法，火曜日は行政法と商法…土曜日，日曜日は苦手部分の復習デーなどとしていました。

10の曖昧な知識より1の確実な知識が大事

　問題演習は，他資格の過去問集，アガルートの「総まくり択一1000肢」を中心に繰り返し解きました。「10の曖昧な知識より1の確実な知識が大事」と考え，わからない肢，曖昧な肢は付箋をつけて，どんどん潰していくようにしました。

　ただ，問題演習だけに終わらず，重視したのは条文学習です。六法に情報が集約できるように出題された箇所を書き込んだり，他の資料などを切り貼りしたりしていました。

　直前期には，「行政手続法⇒行政不服審査法⇒行政訴訟法」を毎日ローテーションで音読していました。また，超直前期には，憲法の統治をプラスして音読していました。音読することにより，目，口，耳を使えるので個人的には正解でした。記憶に定着したおかげで条文問題は不思議と即答することができました。

　記述対策は，解答用紙を自作してアガルートの「解きまくり記述80問」を繰り返し解きました。直前期には，他の予備校の模試で出題された内容を切り取り記述は一つに集約して解けるようにしました。

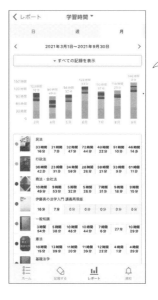

学習の軌跡。
ボロボロの民法と
学習時間の記録
(Studyplus)

合格を支えてくれたもの

　勉強が辛くなる時もありましたが，自分が行政書士になりたいと思った原点を思い出すことで，勉強を続けることができました。また，家族の支えも大きかったです。子ども小さかったので手がかかるのに，休日などに勉強の時間を作らせてくれた妻には，感謝しています。

合格してから

合格後すぐに開業，順調な滑り出しでしたが…

　合格後はすぐに登録し，開業しました。開業した時期は，新型コロナウイルスで経済的影響を受けた中小企業への支援として，政府からの「事業復活支援金」がありました。支援金については多少知識もありましたので

「これはチャンスだ」とすぐに支援金に関する詳しいホームページを WordPressで自作し，Google広告も出しました。するとお問い合わせを多数頂き，順調な滑り出しでした。しかし，その支援金が終了すると一気に仕事量は激減しました。日に日に事業資金が減っていくことにかなり焦りがありましたので，とにかく集客するにことに必死でした。経営者などが集まるさまざまな交流会に参加したり，士業紹介プラットフォームや総合型クラウドソーシングサービスにも登録しました。こういったプラットフォームからはあまり仕事が来ないと仰っている先生もいますが，私の場合は在留資格（ビザ）の仕事依頼や障がい福祉関係の有料相談など，割と仕事につながっています。

　そのほか，得意の電話（コールセンター勤務だったので）を活かして，電話営業もしました。直接の仕事につながりはしませんでしたが，「お困りごと」を聴くことができ，仕事のヒントを得ることができました。

　何が将来役立つかはわかりません。コールセンター勤務でクレーム対応などをしてきた経験が，今役立っています。どう話を進めていくべきかなどのスクリプト（台本）を作れるので，この強みを活かさない手はないかなと思っています。

障がい福祉を主軸にした理由

　小学生になる次男には発達障がいがあります。行政書士を志したきっかけは，漠然と「人の役に立ちたい」でしたが，我が子を通じて障がい児の福祉サービスである放課後等デイサービスを利用するようになり，事業所の方から行政との兼ね合いで新設することに対する難しさなどさまざまな悩みを伺う機会がありました。障がい福祉サービスを利用できずに困っている親御さんの悩みを聞くこともあり，障がい福祉事業者の支援をメインに活動していくことに決めました。「障がいがある子供達や障がい者が将来希望を持てるような過ごしやすい社会を障がい福祉事業者と一緒に作っ

ていけたら」と思ったのです。

　正直なところまったく知識がないところからのスタートでしたが，「障がい福祉専門」をホームページに掲げ，法改正等がある度に，最新情報をブログで発信するうちに詳しくなりましたし，問い合わせも来るようになりました。

　障がい福祉サービスは，障害者総合支援法等の法改正などで「○年○月から○○が義務化されます」といったことが多くなります。最近では，業務継続計画（BCP）対策，虐待防止や身体拘束等適正化に関する内容，放課後等デイサービスの送迎に関する運用などにアクセスが多くありました。

　ブログ記事が検索に引っかかるようで，東京に限らず，全国的にご相談をいただいています。指定申請のほか，事業所運営についても顧問として，法令や行政のルールに則ってサポートしています。とにかく障がい福祉事業者は人員配置や設備基準等が厳しいので，事業者に悪意がなくてもうっかり適用基準を見落としてしまったりして，報酬の返還や行政指導につながったりします。そういったことがないように行政書士がサポートをするわけです。

　開業当初，世田谷区内の放課後等デイサービスやグループホーム，就労継続支援B型施設にはひととおり挨拶回りという名目で飛び込み営業をしましたが，すでにフランチャイズ経営や社労士事務所と顧問契約している事業所も多く直接仕事にはつながっていません。今のところはホームページ経由での集客がほとんどです。

これから

障がい福祉をメインに，入管業務も！

　これからも，障がい福祉メインで，事業者と共に伴走型のサポートをし

ていきたいと思っています。また，近年では来日する外国人も増加している関係で，在留資格（ビザ）や帰化に関する相談が増えつつあるので，ビザ申請のサポート業務にも注力していきたいと思っています。

昨年からマーケティングや経営についても積極的に学んでいます。より多くのお客様のお役にたてるよう事業拡大にも全力を上げていきたいと思います。

Message

何かに「挑戦」することに年齢は関係ありません。生涯挑戦だと思っています。

合格した後も経営者として挑戦の日々です。心が折れそうになることも多々ありますが，そのぶんやりがいもありますし達成した喜びも大きいです。

人生山あり谷ありです。

目前の山を登ると，登頂した人にしか見えない景色広がっています。また，次の山（目標）を見つけて登り出します。その繰り返しのように思います。

大変だったけど諦めずに行政書士の資格を取得してよかったと思っています。あの時に一歩踏み出していなければ，今の自分はありませんし後悔していたと思います。

人生100年時代！　どうせ長生きするなら，新しいことに「挑戦」してみてはいかがでしょうか。

FILE 9

脱・ただの会社員。
不動産会社に勤務しながら兼業で
宅建業許可や相続業務を

川上智弘（かわかみ・ともひろ）

▶受験開始／合格／開業登録：2019年（41歳）／2022年（44歳）／2022年（44歳）
▶予備校等：1年目　TAC，2・3年目　伊藤塾
▶開業資金：約50万円
▶支出内容：書士会登録費用，事務用品等

PROFILE

大学卒業後，ソフトウェア開発会社にて3年間勤務。退職後，不動産業界へ。大手不動産会社の子会社にて不動産調査業を約4年半，独立系マンション管理会社にてフロント業務（管理組合の運営，サポート，営業）を約7年経験したのち，現在会社へ入社（転籍を経て9年目）。現在の会社では不動産調査，重要事項説明書・売買契約書の作成，売買仲介，火災保険業務，コンサルティング業務などを行っている。

現在の仕事の割合

不動産系許認可：5割
その他許認可：3割
遺言・相続：2割

行政書士を志したきっかけ

社長のすすめで…

　私が不動産業界で働きながら40代で行政書士に挑戦したきっかけは，自

発的なものではなく，社長から「グループ会社内でも行政書士資格を持っ
ている人もいないし，箔もつくから受けてみたら？」と言われたことでし
た。勤務している会社には土地家屋調査士や不動産鑑定士資格を保有して
いる社員がいました。

　私も宅地建物取引士等複数の不動産系の資格を保有していて，行政書士
という資格自体はもちろん知っていました。以前，グループ会社に行政書
士事務所を兼業で運営していた方がいて，その方が勤務先の宅建業許可の
取得をしたと聞いていました。

　社長に言われたことをきっかけに，行政書士について調べていくうちに，
「現在の環境で私が行政書士の資格を取得することは，非常に有益だ」と
感じました。グループ会社には宅建業社，建設業社，飲食店などがあり，
今後新たな出店のための許認可取得も考えられました。さらに，既存の会
社における許認可の更新も当然あるので，これらの業務を受託できるかも
しれないと思いました。

　さらに，不動産の顧客からは相続に付随する相談が多くあります。こう
いった場合に，遺言や遺産分割協議書の作成などの手続きのお手伝いがで
きそうです。

　人から言われて意識した資格ですが，調べるほど今の自分に必要だと感
じるようになり，2019年3月から勉強をスタートしました。

合格するまで

甘かった1年目

　久々に勉強に取り組むことについて不安があり，恥ずかしながら私は意
志が弱いと自己認識していたため，資格予備校に通うことにしました。
「高いお金をドブに捨てるようなことのないよう，自分を戒めて必死でや

るだろう」と考えたのです。

　ただ，こうして高いお金を払ったにもかかわらず，1年目はエンジンがなかなかかかりませんでした（3月と遅いスタートに加えて…）。

　本試験ではまったく歯がたたず，自己採点で不合格を確信し，学校を替え，2019年内に新たなスタートを切りました。

　敗因としては，講義を受けただけで勉強した気になってしまい，自己学習がおろそかだったことだと思います。

　また，試験に対する情報も少なかったと感じました。そこで，情報収集のためにSNSを活用し始めました。SNSは意外と効果的で，同じ目標に向かって頑張っている方の発信を見ることで，モチベーションアップにつながりました。オフ会などをすることもあり，合格後の今も大事な仲間です。

2年目は不覚の不合格，3年目で合格

　1年目の反省から，2年目は，計画的に自己学習することを心がけました。ただ，子どもが小さく家で勉強をしづらい環境のため，予備校の自習室で勉強しようと考えていたのですが，コロナ禍で講義も中止になり，自習室も閉鎖されてしまいました。しばらくして講義は再開されたものの，自習室は再開せず，仕方なく別に有料の自習室を借りました。

　必死に勉強した甲斐もあり，模試で合格点を取るレベルまでには到達していました。本番でも自己採点の結果，何とか合格していそうな出来でした。しかし，記述問題の採点が予想以上に厳しく，不覚の不合格。

　周囲に「多分合格してると思う」と宣言してしまい，恥ずかしい思いをしましたが，その3日後には気を取り直して予備校通いを再開しました。今考えると，この切り替えの早さと，「3年目で合格しなかったらもうやめよう」という覚悟が，3年目の合格につながったと思います。この年，三度目の正直で何とか合格しました。

時間と勉強場所の確保と家族の協力

　3年間の受験期間の中で一番苦労したのは，時間と勉強場所の確保でした。往復3時間超をかけて週5日勤務していたので（残業や休日出勤ももちろんありました），どうしても朝は早く，帰りは遅いという生活にならざるを得ませんでした。仕事で遅くなると疲れてしまい勉強ができなかったり，早起きして勉強しようと思ったものの，起きられなかったことも正直よくありました。

　また，子どもが遊んでもらいたい盛りの年齢で，家で集中して勉強するのは難しい面もありました。だからこそ，有料自習室を借りたのですが，私が出かけるときに寂しいとよく泣いていて，後ろ髪を引かれる思いでした。ワンオペになるにもかかわらず，いつも応援してくれた妻には感謝してもしきれません。

　このように，家族との時間や趣味の時間を多く犠牲にしていたので，「絶対に合格して報いたい」という気持ちが大きくありました。

合格後

兼業行政書士として開業

　合格して行政書士を開業するにあたり，どのような形で行うかを改めて考えました。選択肢としては，①自身で登録・独立開業する，②行政書士事務所に勤務する，③現在の会社で勤務しながら登録し，兼業行政書士として開業する，の3パターンが考えられました。そのうち，私は③を選択しました。

　行政書士という仕事に魅力を感じて目指してきたわけではありますが，不動産業の仕事には15年以上も携わっており，とても好きだったからです。

「不動産の仕事をつづけながらも業界での経験や知識を生かして活動しよう」と決意しました。

合格後すぐに登録した理由

　登録には，約30万円，さらに毎月数千円の会費もかかります。ただ，登録費用は遅かれ早かれかかるし，少しずつでも早く実務を学びたかったので，合格発表後すぐに登録・開業手続きをしました。

　妻にも相談しましたが，初期費用にかかる金額に驚きながらも，「将来的に収入源になるのであればいいのでは？」と言う程度で，反対せず，背中を押してくれました。

　結果的に，早く登録してよかったと思います。まず，行政書士会に入ることで，さまざまな研修を無料で受けることができました（有料のものももちろんありますが）。資格の学校などでも実務講習はありますが，とても高額です。

　また，依頼が来た際に登録・開業していなければ仕事を逃してしまいますが，私の場合は，すぐに勤務先のグループ会社からの許認可の業務依頼がありました。

　登録に当たっては，事務所をどこに置くか悩みましたが，会社の社長から「未使用の居室を無償で使ってもいい」と言われました。自宅事務所だと，妻や子どもにストレスがかかるかもしれないという懸念があったので，とても有難かったです。

兼業のメリットを活かし，将来に備える

　こうして兼業行政書士として，私はスタートを切りました。早速，勤務先のグループ会社からの許認可の業務依頼をいただきました。そういった依頼が続き，現在も，知り合いから紹介された案件，仲間の行政書士のお

手伝いを中心に活動しています。兼業だとどうしても対応できる業務量が限られます。それゆえ，営業活動はそこそこに，お金の心配が少ないという兼業のメリットを活かして，セミナーや研修参加，資格の取得などの将来のための活動にも力を入れるようにしています。

　例えば，試験勉強の癖が抜けないうちに，外国人の出入国管理に関する手続きを行うための「申請取次行政書士」や行政処分等に対する不服申立て代理を行うための「特定行政書士」の資格を取得しました。特に特定行政書士の試験は行政書士試験の試験問題と多く重複している（30問中およそ20問）ため，すぐにその資格を使って業務を行いたいという意向まではありませんでしたが，後になって取得するよりも省エネで済むと考え，今しかないと判断しての取得でした。

　兼業である以上，自分自身の行政書士としての成長スピードは遅くなり，葛藤もありますが，それは兼業である以上仕方ないと諦め，できることを責任もって行おうと考えています。

　ちなみに，私は今まで自らの行政書士業を「副」業と言ったことはありません。フルタイムで働く不動産業も，少ない時間をやりくりして行う行政書士業務も同じように責任があります。どちらの仕事もいつでも全力で取り組んでいますので，どちらが「主」でどちらが「副」という位置づけはどうでもいい話です。

不動産にかかわる業務を中心に

　いろいろな人と会い，さまざまな業務について知る中で，「あれもこれもやってみたい！」気持ちにもなり，また，いろいろ依頼されるため，遺言，宅建業許可，古物商許可，補助金業務など幅広くやってきました。

　ただ，2年目以降から，自分の原点である不動産にかかわる業務を中心

に据えて活動することとしました（許認可の分野においては宅建業許可，農地転用許可，開発許可等）。

　もちろん，いろいろな依頼をされることがありますが，取扱業務範囲と大きく異なるような業務は特化している先輩や仲間に紹介することにしています。

　宅建業許可は，自社の免許更新の手続きを行ったこともあり，また，宅地建物取引士の資格も保有して使っていることもあり，早期に業務を覚えられました。会社の定休日が平日なので，役所へ行くことにも支障がなく，兼業もやりやすいです。

　また，許認可は，その業界における専門用語を理解していないとヒアリングがスムーズにいかないケースがありますが，不動産業界のことを熟知しているだけに会話も弾み，人間関係の構築にも役立ちます。

　また，相続と不動産は切っても切れない関係なので，遺言・相続業務にも積極的に関わっています。特に遺言・相続業務との相性は抜群で，相続でお悩みの顧客に対し，できることが多々あります。

＜相続発生前＞
・行政書士として遺言の作成
・家族信託の提案　など

＜相続発生後＞
・遺産分割協議書の作成
・死後事務委任の提案　など

　行政書士として不動産の相続の相談があれば，勤務先の不動産会社に仕事をつなげられ，顧客の悩みに対してワンストップで対応することができます。さらに，相続税や相続税申告の話になれば税理士，トラブルが不可避な案件になれば弁護士ともすでにネットワークができているので，何が起こっても対応できる体制となっています。

これから

兼業生活を続けたい

　今は，会社を辞めることは考えていません。今後も長く不動産業との兼業で少しずつ成長したいと考えています。

　これまでは営業活動はせず，知り合いからの依頼や同業・他士業からの紹介で仕事を少しずつしてきましたが，集客のためのしっかりしたホームページを作成しようと準備を進めています。

　また，初めて相続セミナーを開催しました。集客など課題は山積みですが，一度やり始めたことなので継続して実施していくつもりです。家族信託，契約書作成業務についても，超高齢化社会の中で需要の高まりを感じ，本格的に取り組んでいきたいと考えています（民間資格も取得しました）。

　また，不動産会社における業務の中で，契約書作成業務の比重は大きいので，これまでの経験を活かして個人間売買のお手伝いをできるような仕組みづくりを考えています。

相続セミナーの
様子

Message

　資格試験へのチャレンジをするにあたって年齢は関係ありません。

　ただ，40代での行政書士試験は，家族との時間など犠牲にしたものが大きかったです。合格を知ったときはうれしいという気持ちよりも，家族に報いなければならないという肩の荷が下りた気持ちでいっぱいでした。

　行政書士試験の問題は奇をてらったものは少なく，勉強すれば必ず合格できます。1年で合格する方もいますし，合格者の最高齢は81歳ですから，年齢で諦めるのはナンセンスです。

　開業についても同様で，若くして活躍している方も多い反面，中年以降に始めて活躍している方もいます。年齢を重ねていればそれだけ経験値があると思いますので，その経験を生かした事業ができるのではないでしょうか。どこを強みにするかということを明確にすることが大事です。

　行政書士での開業は，他士業と比べても自由度が高いです。弁護士のような司法修習の制度がありませんので，合格後即独立することができます（例年1月最終週に合格発表があり，早い方は3月中にも登録，開業しています）。即独立することが怖い場合，行政書士事務所に勤務ののちに独立することも一案です（行政書士事務所は採用が少ないと言われていますが）。また，私のようにフルタイムの会社員をやりながらでも，兼業で開業することもできます。

　私は不動産の仕事が好きです。行政書士は，業務スキルや知識を底上げすることができます。兼業だと可処分時間が少ないですが，会社員としての収入があるため，自由な事務所運営がしやすいです。不動産分野に強い行政書士として活躍できるよう，研鑽していきたいと考えています。

　そして，最後に。

　これまで「ただの会社員」だった私ですが，個人事業主として新しい世界に足を踏み込み，新しい経験をしています。開業していなければ会うことのできなかった人と多く巡り合い，日々新しい発見があり，とても刺激的な毎日です。

　行政書士試験の合格は決して簡単ではありません。ただ，努力すればだれでも可能です。そして試験合格はゴールではなく，開業に向けてのスタートです。

　私の体験が行政書士合格，開業を目指す方に少しでもお役に立てばうれしいです。合格，開業されて私たちの仲間になっていただけることを楽しみにしています。

子どもの中学受験を機に専業主婦が一念発起！キャリアコンサルタント×MC×行政書士として

黒田美千子（くろだ・みちこ）

- ▶受験開始／合格／開業登録：2019年（47歳）／2022年（50歳）／2023年（51歳）
- ▶予備校等： 1回目 ユーキャン（7万円程度） 2・3回目 独学 4回目 伊藤塾上級コース（20万円程度）
- ▶開業資金：100万くらい準備
- ▶支出内容：登録費用／ハンコ／名刺／ホームページ／金庫／実務本 など

PROFILE

行政書士黒田法務事務所代表。契約書や離婚協議書作成，遺言・相続などをメイン業務に活動。また，キャリアコンサルタントとして新卒採用に携わりながら，接遇や就職セミナーの研修講師としても登壇，婚礼司会でも活動中。

保有資格：特定行政書士／キャリアコンサルタント／宅建士／電話応対技能検定指導者級資格／コミュニケーション検定指導者資格／救急救命インストラクター／パワーハラスメント専門家養成講習修了／両立支援コーディネーター基礎講習修了　等

現在の仕事の割合（売上ベースでも時間配分でも同じくらい）

キャリコン：3割

MC：3割

行政書士：3割

研修講師：1割

行政書士としての売上

開業半年で日本車が買えるくらいは達成（300万くらい）！

補助金バブルが残っていたことも大きかった（手付10万円，成功報酬8％で受注）

行政書士を志したきっかけ

結婚・出産を機に地方局キャスターから専業主婦に

大学卒業後，地方テレビ局でキャスターとして活動していました。その後，結婚，出産を機に退職し，いったん家庭に入りました。

キャリアの再スタートは，結婚披露宴の司会者としての活動でした。ただ，結婚披露宴の仕事は，土日がメインです。

まだ小さかった子どもたちと一緒に遊ぶ時間を確保するため，平日昼間の仕事を探しますが，パート労働ではなかなか自分が目指す収入を得ることができないとわかりました。

「せっかく大学を出て，大変な倍率の就活を勝ち抜いてキャスターにまでなったのに…」と，悔しい気持ちがありました。「自分で稼げる力をつけたい」「そのために，資格を取ろう」と考えました。

中学受験に伴走しつつ，自らも勉強を開始！

資格を取ろうと決意したのは，ちょうど，子ども2人の中学受験がスタートする時期でした。

「お母さんも受験するね」と一緒に宅建士試験の勉強を開始しました。

子供たちに勉強する習慣をつけるために，「勉強しなさい」と口うるさく言うより，母である私が一緒に勉強して背中を見せたほうが効果的なのではという目論見もありました。

初めての法律の学習に戸惑い，テキストを開きたくない日もありましたが，子ども達が，「一緒に勉強しよう」と誘ってくれ，リビングで仲良く勉強することで，続けることができました。

子ども達と勉強の苦しさ，楽しさを共有できたのは，かけがえのない思

い出です。結果，子ども達はそれぞれ希望の中学に進学し，私は宅建士試験に合格することができました。

「女の子」「パート」から，周りの目が変わるのを実感！

宅建士試験に合格後は，早速不動産会社の求人に応募しました。同時期に，電話応対の講師の募集があってそちらにも応募しました。

結局，先に内定をいただいた電話応対の講師として社会復帰することになりましたが，宅建士を取得したことで，「もし，うまくいかなかったとしても不動産会社で働けるだろう」という安心感は大きいものでした。

就職先でも，元キャスターという経歴よりは，宅建士という資格を持っていることが評価されたようです。単なるアシスタントの女性ではなく，法律の勉強をした一人前の社会人として扱って貰えました。

これまで，キャスター時代は「アシスタントの女の子」，結婚後は「パートのおばさん」として扱われてきた身としては，「資格を取得することで，周囲の見る目がこんなに変わるのか！」と目が覚める思いでした。

勉強を続け，キャリアコンサルタントを取得

さて，めでたく中高一貫校に入学した子ども達は，青春を謳歌するあまり，勉強が疎かになる中だるみの時期もありました。

「大学受験を考えて勉強をしなさい」という言葉を呑み込んで，「母として，自らがさらに学ぶ背中を見せよう」と，今度はキャリアコンサルタント試験にチャレンジをすることにしました。

宅建士という資格のお陰で，大切にされ，給与もパートの女性の2倍いただけていたことから「資格は自分を助けてくれる」と確信を持つことができました。特に資格の中でも国家資格の威力は大きいものです。

ゲームをしたり，テレビを見ている息子達に「お母さん，資格を取った

らお給料も上がって，大切にされて仕事が楽しい。だからもっと国家資格を取る。受験する」と宣言。

　トイレにも風呂場にも暗記のペーパーを貼って必死に勉強する母の様子を見て，子ども達は，「お母さんが勉強するならテレビを消すね」とテレビを消してくれました。

　そして，テレビを消すと「あっ，宿題があった」と気がついたり，手持無沙汰になって「することないし，僕も明日の予習する」と自発的に机に向かってくれるようになりました。

　母としては内心「しめしめ」でした。

　結果，息子達は京都大学，大阪大学に合格し，私はキャリアコンサルタントの資格を無事に取得することが出来ました。

キャリアコンサルタントとしての仕事を開始

　45歳を過ぎてのキャリアコンサルタント試験のための勉強は，想像以上に大変でした。ただ，大変過ぎて子供の成績に一喜一憂する暇もなく，親子共に精神衛生上とてもよかったと思います。

　大変だった甲斐があり，キャリアコンサルタントとして新卒採用に関わったり，接遇や就職関係の面接対策やキャリア研修の講師として活動したり，仕事の幅がぐっと広がりました。

　まさに，お金を出しても買えない「資格の価値」を実感しました。資格も学歴も，「努力や知識を客観的に表現するもの」で，リスペクトされる職業人になるためのパスポートのように思えました。資格があるからこそ通れる道，できる仕事があると実感しました。

すっかり資格の魅力にハマり，「行政書士」を志す

　「知識や資格はお金だけを出しても絶対に買えない素晴らしい財産」「弁

護士や税理士などその道のプロに頼るにしても最低限の知識がないと理解できずに損をする」と，すっかり，資格の魅力にハマりました。

バッグも車もお金さえ出せば買えますが，資格は買えません。どれほど高価な車やバッグよりも，勉強時間の長さや模試の成績で評価される受験の世界が好きになりました。また，勉強を続けたときに急に理解が進む瞬間があり，それがとてつもなく快感でした。「もっと勉強したい」「さらなる一生モノの資格が欲しい」と，思うようになりました。

キャリアコンサルタントとして女性の再就職セミナーなどに登壇する中，法的弱者に寄り添いたい，情報提供したいという思いがあったので，行政書士試験にチャレンジすることにしました。

合格するまで

4回目で合格！

早速，ユーキャンに申し込みました。ただ，かなり勉強したつもりが初めて受けた模試では90点という問題外の成績で宅建士を持っているというプライドもズタズタになりました。そこから必死に追い上げるも力及ばず，2回目の模試で130点，「こんなに頑張っているのに」と途方にくれながら勉強し続けても，160点から点数が上がらないまま苦しみ抜きました。

何とか本試験では170点まで追いつきましたが，記述式の点数が甘かっただけで，まったくの実力不足でした。「勉強して資格を取れば認められる。勉強すれば合格できる，そんな甘いものではなかった」「努力は報われるのではなかったのか…」と心底落ち込みました。

2回目は，独学でした。1回目で170点台まで届いたから…という驕りもあったと思います。しかし，一般知識に助けられるも176点で不合格となりました。これも今にして思うと実力不足です。

「もう一歩だ」と3回目も独学でチャレンジするも，同じく176点…。

「何がダメなんだろう」と腹が立ちました。あと1問の壁を超えることができず本当に苦しかったです。

「宅建士にも偶然で受かっただけで，私は偽物なのかもしれない」「何の実力もないのではないか」「何回受けても落ち続けるのかもしれない」と不安に負けそうになっていました。

撤退するのか，進み続けるのか迷う中で，宅建士の資格が認められて嬉しかった時のことを思い出しました。

「不合格でも，再チャレンジもできるし身につけた知識が自分を助ける。絶対に無駄になることはない」と自分を奮い立たせながら勉強を続けることにしました。

4回目の受験を決めてからは，「もうこれ以上落ちるのは絶対に嫌だ，何が何でも受かりたい，早く合格して行政書士として稼げば予備校代など安いもの」と思い，伊藤塾の上級コースに申し込みました。

伊藤塾に決めるにあたっては，1年間お世話になる予備校だからとことんこだわって決めることにしました。模試の振り返り講座などを見ていて「早口，声が高すぎる，アクセントが違う，鼻濁音がおかしい，話し方が不自然でわざとらしい」など，元キャスターとしてつい気になったことがあったからです。YouTubeなどで見本講座を見て，講師の話し方や耳障りがないかなどをとことんチェックし，平林勉先生に師事することに決めました。わかりやすい講義で，四六時中先生のお声を聴き続けた結果，記述抜き180点，合計216点で合格することができました。不合格の年は3時間ぎりぎり時間がかかっていたのに，合格した年は1時間ですべての問題を絶対の自信をもって解き終えていました。

法律科目によって勉強場所を変える

勉強場所は，飽きないように以下のように法律科目によって変えていま

した。

- 行政法→リビング（1番長くいるので）
- 民法→和室のコタツで（じっくり勉強したいので）
- 憲法→寝室（寝る前に読むと幸せな気分になる（？）ので）
- 商法・会社法→キッチン（割合が低いので2問取れればよいと割り切っていた）
- 判例→風呂（読み上げるといい感じに響くので）
- 細かい数字→トイレ（覚えたい数字をトイレに貼っていた）

テキストは自分仕様に

テキスト等は，すぐに辞書代わりに開けるように，付箋やインデックスを付けて工夫していました。

付箋やインデックスを活用！

自分仕様にして満足していましたが，「テキストを汚しても点数につながらないよ，勉強した気になっているだけだし，まっさらで覚えている人もいるよ」と子どもに指摘されました。「その通りだな」と思い，テキス

トに加工を施す際には，「何のためにマークしているのか」「何のために付箋しているのか」を考えるようになりました。

「勉強法の先輩」である子どもに教わったこと

ある意味「勉強法の先輩」である子どもの言葉にハッとすることは多かったです。

上の子も下の子も「勉強は反復が大事。教科を問わず，物理や化学でも同じで，同じものをとことんやるのが大事。全ページ隅から隅まで。小さな注釈まで読まないまま次のテキストを使うのはNG」と口を揃えて言うので，テキストの浮気はしないようにしていました。

不合格だった年は薄くぼんやりと広い範囲の勉強をしていました。

合格した年は狭い範囲をくっきりと際立たせるような勉強をしていました。100のぼんやりした知識より１の正確な知識が試験でも実務でも役立ちます。

また，下の子が「中学受験をしてよかった。周りの仲間も勉強しているからその方法が参考になる」と言っていて，「自分もレベルの高い勉強仲間を作ろう」と思いました。早速，X（当時Twitter）や，勉強時間を記録するアプリ（スタプラ）等で仲間を作りましたが，勉強の刺激になったり，いまだにオフ会で集まったり，とてもよかったと思っています。

ちなみに，右は直前期の勉強時間の記録です。これを最後の行政書士試験にしようと試験当日の１週間前からすべての仕事を断って最後の暗記に努めました。

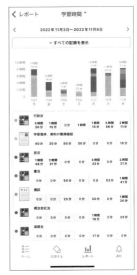

▶勉強時間の記録
（Studyplus）

合格してから

即開業

「合格しただけでは意味が無い」と思い，合格後はすぐに登録しました。社会貢献やマネタイズを考えると，スモールスタートでもすぐに活動を始めるべきだと思いました。安く借りられるオフィスを探し，今までの研修講師業や採用業務，司会業で食いつなぎながら３年を目安に行政書士としての業務を増やしていくことにしました。

幸い，司会業や採用業務，研修講師を長く続けてきたことから，経営者やフリーランスの知人が多くいました。登録したことを伝えると，直後から補助金や契約書作成，会社の定款作成等の業務が舞い込んできました。

初めての仕事は自分で調べたうえで，先輩に聞いて進める

私は，コミュニケーション力には自信があります。登録後すぐに，県会の研修部員に指名頂き先輩とのつながりもできました。

県の行政書士会ではひととおりの研修メニューが準備されていますが，先にご祝儀的な依頼が殺到していたので，研修が間に合いませんでした。自分で手順書を調べたり，同期に聞いたりしたうえで，それでもわからないことについては研修や支部の集まりで知り合った先輩方に教えて頂きました。例えば，「いくら報酬を貰うべきか」などはあまりオープンにされていなかったりして先輩に聞くことが多かったです（ちなみに，金額は公表できませんが，行政書士としての業務の報酬は大変，有難い金額です）。

今は「資格さま！　資格のお陰，資格ありがとう！」と叫びたい気持ちです。頑張って勉強したこと，そして専門職として研鑽を積んでいることの対価だと思っています。

これから

キャリアコンサルタント×MC×行政書士として

　資格やこれまでのキャリアとのかけ合わせは，強いと考えています。

　例えば，キャリアコンサルタントは採用に関わるので，外国人採用のお話がよく出てきます。そのため，ピンクカードを取得しました。

　また，キャリアコンサルタントとしての傾聴力は，帰化・相続・遺言等において人生を棚卸してもらうのに役立ちます。そういった，キャリアコンサルタントであることを前面に押し出した遺言書作成や帰化申請に関するセミナーなども考えています。

　また，婚礼の司会をやってきて，映像関係者とのコネクションもあるので，遺言とラストメッセージをパッケージにしていくことも考えています。

　研修講師としては，難しい法律を，女性や，社会的に弱い立場にある方にわかりやすく解説していきたいです。法律は，知らないと申請できなくて損をすることも多いですが，社会的に弱い立場にある方が自分で読みこなすことは難しいです。そういったミスマッチを解消できればと考えています。

　ちなみに，「元キャスターとして，セミナーのコツは？」と聞かれることがありますが，研修やセミナーにおいて，滑舌のよい・悪いはそれほど大きなことではないと考えています。

　それよりも，「間」を大事にすることをおすすめします。日本語は，「間」が空いたときに，手前のフレーズを理解するメカニズムです。立て板に水のごとく話を続ければ，「何を言っているのかわからない」ということになります。

　短いフレーズを使う，文章の組み立てを英語のように，「結論は○○，

理由は○○」とする，パワーポイントは簡潔にする（ごちゃごちゃしたものだと，それを読んでいる間，話は聞いてもらえません！）などのちょっとしたことでぐっと伝わりやすくなりますよ！

Message

　私は45歳を過ぎてから資格試験に本格的にチャレンジしました。

　体力や記憶力は確かに若い頃と比較したら衰えています。しかしながら資格試験の択一問題は経験値による一般常識で解ける問題が一定割合あります。そういった意味で年を重ねて有利な部分もあります。

　行政書士は60歳を過ぎての独立開業する方も多いです。70歳，75歳まで働くのなら十分に元が取れるのではないでしょうか。これまでの人間関係や経験値をフルに生かせる，成熟した年齢の方に向いている資格だと思っています。

▶使用した教材はこんなに！

PART

Ⅱ

45歳からの
合格ガイダンス

年齢を重ねると，試験には不利？
45歳以上の受験生を沢山見てきた
講師に合格の秘訣を聞きました。

アガルート講師田島圭祐が考える

45歳overが行政書士試験に「むしろ有利」な理由

PROFILE

田島圭祐（たじま・けいすけ）◆アガルートアカデミーで行政書士講座を担当し全国へ映像配信する傍ら，大学入試予備校でも「古文」，「現代文」，「小論文」，「政治経済」の講座を担当し，多くは定員締切講座となる人気講師。

講師業にとどまらず，記事ライターとしても活動するなど，幅広く活躍している。著書に『行政書士 時事問題・文章理解を超速インプットする本』（中央経済社）など。

(1) 中高年から難関資格を狙うのには無理がある？

はじめまして。資格予備校のアガルートアカデミーで行政書士講座を担当している田島圭祐と申します。

まず結論から申し上げると，「中高年（45歳以上〜70代）で難関資格合格を狙う」のは十分可能です。というより，私の講座を受講していただいている受講生の約3割〜4割が45歳以上です。そして毎年，見事合格され，そして独立開業されています。私自身は30代で行政書士の試験に合格して講師になりましたが，その当初はほとんどの受講生が私よりも年上でした。

年度によっても違いますので，感覚的なところは否めませんが，受講生の方々を年代別に見てみると，10代〜30代でおよそ6割，40代〜70代でおよそ4割程度です。では，後者（40代〜70代）が，前者（10代〜30代）に比べて合格率に差があるかというとまったくそんなことはありません。

前者も後者も合格率に差がない印象です。つまり，**難関資格合格に，年齢はほぼ関係ない**という結論は数字から判断しても言えることですし，私自身もそうであると確信しております。

　このように申し上げると「50代の自分は20代に比べて暗記の力が極端に低いはず」「20代の学生に比べると働きながら勉強しているので，不利である」といったご意見が予想されます。これはある意味で正しいです。しかし，視点を変えるとそれは大きな勘違いであることに気がつきます。**40代以上には40代以上の学習の仕方があることに気がつくと，暗記量やスピードにおいても10代～30代に勝つことができる**のです。これは私自身の経験から感じたことでもあります。

　私は資格予備校の講師をする前から大学入試予備校で予備校講師をしています（今も資格予備校の講師と大学入試予備校の講師をかけ持ちしています）。
　行政書士試験の受験生の時は，大学入試予備校で週に70分～ 90分の講義を36コマこなしていました。したがって，行政書士の受験勉強に使える時間は平日で2時間程度，休日で6時間程度でした。一方，私は大学入試の時に浪人をして，その当時は1日中勉強をしていました。
　浪人当時の10代の自分と，行政書士をめざしていた時の30代の自分を比較すると，30代の自分の方が，はるかに勉強がはかどり，かつ暗記のスピードが早くなっていることに気がついたのです。

　それはなぜでしょうか。その理由を次のセクションで述べさせていただきます。

(2) 円周率で負けても法律では負けない

3.14159265358979323846264338327950288

　ご存じの方も多くいらっしゃると思いますが，この数字は円周率です。さて，ここである実験をします。この円周率の暗記対決です。一方は「A　20代の大学生」，一方は「B　50代の会社員」です。よりはやく正確に暗記した方の勝利とします。皆さまはどちらが勝つと考えますか。

　おそらくAと答えた方が多いのではないでしょうか。AもBも一般的な知能の持ち主であると仮定すると，私もおそらくAが勝つのではないかと考えます。すると「やはり暗記のスピードと量は若者の方が有利じゃないか」という感想をお持ちになりますね。確かにその面は否めません。

　では，これはどうでしょうか。こちらは憲法の判例となります。法律初学者のために，実際の判例の文言を噛み砕いて書いてみます。

　日本人の父と外国人の母の間に生まれた子が，生後に父の認知をうけた場合，父母の婚姻があった時のみ，その子は日本国籍を取得できるという国籍法3条は憲法14条の法の下の平等に反して憲法違反である。（最大判平20年6月4日改）

　簡単に説明すると，外国人の母と日本人の父の間にできた子を生後に父が「僕の子です」と認知した場合でも，父母が結婚しないと子供に日本国籍があたえられないという規定がありました。これが憲法14条の「法の下の平等（人種によって差別を禁止している）違反」という判決が下されたという事例です。

　これを覚えようとする場合，私はAの20代の大学生よりも，Bの50代の会社員の方が圧倒的に頭に残ると考えます。なぜならば，今までの人生の中でこのようなケースを体験し，または耳にした経験がある可能性がBの方が圧倒的に高いと予想されるからです。「そういえば，友達の山田

ひろし（仮名）は，東南アジアの女性との間の子供を認知していたな。あの子供，たしか日本国籍を得て普通に学校かよっていたよな」といったケースが頭に浮かぶ可能性は人生経験が豊富なＢのほうが高いといえます。

実は，このケースだけではありません。民法の相続も遺言も，また賃貸借契約の敷金関係もすべて身近な経験として捉えられる可能性が20代の学生などに比べて圧倒的に高いのです。

また，人によっては不動産の売買に関わった方までいらっしゃるかもしれません。このように**法律の学習とは，身近におきていることを法律の型にはめる作業**です。

たしかに「無味乾燥な丸暗記」という点では，大学生のほうが強いでしょう。実際の生活の中で，人の顔と名前がなかなか一致しないなどの経験は恥ずかしながら私も経験するところです。

しかし，年配の方はいままでの人生経験があります。この点では20代の大学生と比べて圧倒的に強いと言えます。あえて言いますと，婚姻された経験，親族がお亡くなりになった経験，もしかしたら離婚された経験もあおりかもしれません（私は両方あります）。また，借金をして事業を立ち上げた経験，若しくは婚外子（結婚していない男女から生まれた子）をもった経験すらあるかもしれません。

こんな例を出したら不謹慎に思われるかもしれませんが，法律とはそういった数々の問題に対するルールブックや基準を学ぶことなのです。そして，そのようなさまざまな問題に対して，**専門家としてクライアントに接していく，その素養と知識を問う**というのが根本にあります。

話を戻しますが，年配の方はそのような経験をたくさんしていますし，自分が経験していないことでも，聞いた事実が多々あります。ですから彼らの暗記の仕方は20代の暗記の仕方とは自ずと異なり，理屈の鎖で事象をつなぎながら，心に知識を刻んでいくのです。これは決しておおげさなこ

とではなく，事実です。

　私も10代の受験勉強の時よりも30代で国家試験の学習をした時のほうがはるかに暗記できました。年齢が上がるにつれてさまざまなことを経験し，20代の時よりも社会に対して興味や不安を抱くようになります。

　以上を踏まえてこのセクションの最後に問います。

　あなたは今の政治がどういう仕組みで動いているか，深く知りたいですか？（憲法）
　ロシアのウクライナ侵攻についてその根本を知りたいですか？（基礎知識）
　お子様や大切な人に財産を残す方法を知りたいですか？（民法）

　一つでもYESであれば，あなたが合格する可能性は十分にあります。 20代の方と同じ土俵で対等に戦える能力が十分あると断言できます。大人は試験に強いのです。

⑶　受かったところで開業して成功するのか

　これに関しては私の経験というより，私の講座を受講して下さって開業されて成功された方の例をご紹介いたします（ご本人の許可をとりましたので，そのすべてを書かせていただきます）。

　その方は50代で行政書士試験に挑まれ，60代の３回目で合格されました。生涯学習のつもりで学習されたようですが，合格された後は「やはり開業したい」と考えるようになり，事務所を構えるに至りました。この方の前職は飲食店です。飲食店（いわゆる「水商売」のお店）の経営がこの方の生業でした。

　彼（親しみを込めてこの方を「彼」と呼ばせていただきます）は，よく同業の方から「風俗営業許可をとりたい」といった相談や，コロナ禍におい

て協力金や給付金を得る方法などを相談されたようです。

　最初は生涯学習ではじめた行政書士試験でしたが，「この資格で皆を救えるのではないか」と考えるようになり，登録したそうです。そしてそれを仲間に話したところ，またたくまに噂が広がり，街中の飲食店の経営者が彼に給付金の申請代行を頼みました。

　ここまでの話を聞くと「なんだ，やはり元々の人脈がないと厳しいのか」という印象を持たれるかもしれません。

　しかし，彼のすごかったところはここからです。彼は依頼者の1人の方に許可をとり，「自分に依頼して何がよかったか」をその依頼者に文面で書いてもらい，それをX（旧Twitter）をはじめ，インスタを含むあらゆるSNSにアップしたのです。そして，彼はその最後に必ず以下のように書きました。

「どんなお店でも助けます」

　これがそのSNSをみた人の心に刺さり，さらに依頼が殺到しました。

　私が彼とお酒を酌み交わした時，この言葉の真意について聞きました。
　すると彼は，「すべて助けられるかどうかなんかその時点ではわからなかったよ。でもね，タジー（私のあだ名）もわかるでしょ？　何とか助けようとする気持ちがあればどうにかなるでしょ。だって飲食業の困っている人って仲間じゃん。おれだってスナックの休業要請は苦しかったよ。だから助けようと思った。法律なんて勉強したこともなく，公序良俗ぐらいしか聞いたことない俺を講義で助けてくれたタジーならわかるよね」と言ったのです。

　私は心底納得しました。つまり**最終的には情熱と信念**です。これは根性論に聞こえるかもしれませんが，結果的にそれが根本にあることが疑いな

い事実だと思います。

　もちろんそれだけでは成功しません。

　上記の話で私が感動したのは「どんなお店でも助けます」と書いたその度胸でした。それをすべてのSNSで公表した彼の覚悟が，彼を一流の行政書士にしたのだと思います。余談ですが，彼は現在飲食店の収入と同じ程度の収入を行政書士の業務で稼いでいます。

**　クライアントは年齢なんて気にしないのです。情熱です。60代で開業3年目の彼は今8桁に届く収入を行政書士業務で稼いでいます。**

　今でも年に2回ぐらい彼とお酒を飲みます。シャイな彼はこのことをSNSで言ってくれるな，と言いますが，匿名を条件として書くことは許してもらいました。

⑷　私には無理。そう思った時に

　これから難関国家試験にチャレンジしようと考えている方が必ずぶつかる壁が，「私には無理」という瞬間です。最初にこの瞬間が訪れるのが，基本テキスト等をはじめた見た時です。では，なぜこの瞬間に「私には無理」と感じるのでしょうか。おそらく以下のような印象を抱くからでしょう。

①分量が多すぎて覚える自信がない。
②勉強時間を捻出できそうもない。
③記憶力の衰えを感じるので，おそらく無理である。

　なるほど。これは気持ちがわかります。私も30代で資格試験にチャレンジした時にそう思いました。

　しかし，この3点は本当にそうなのでしょうか。実はこの3点に共通していること，言い換えるならば，その根本にあるものは「すべて暗記しな

いと合格しない」という勘違いなのです。

　つまり，その分厚い基本テキストをすべて暗記しないと受からないという誤った印象がはじめの「私には無理」という壁を作ってしまっています。法律の学習はほぼ理解がメインです。もちろん最低限の数字や用語は覚えなくてはなりません。しかし，これらですら無味乾燥な暗記に頼るわけではないのです。これは前述した(2)と関係があります。暗記すべきことがらもできる限り理屈の鎖で縛りつけていくのです。例えば，民法でこのような条文があります。

民法第30条
　不在者の生死が７年間明らかでないときは，家庭裁判所は，利害関係人の請求により，失踪の宣告をすることができる。

　簡単に説明すると，ある人の生死が７年間あきらかでない時に，利害関係人（例えばその人の妻）などが，家庭裁判所に「失踪宣告の請求」ができ，それにもとづいて家庭裁判所が「失踪の宣告」をします。平たくいうと「その人は亡くなったことにする」という制度です。

　なぜこのような制度があるかというと，ある人の生死が長期間わからずにいると，例えば相続などの関係で問題が生じるからです。生きているか亡くなっているかがわからなければ，相続人は永遠に相続財産を相続できないですよね。だから，７年間生死不明であった場合は亡くなったとみなすという制度ができあがったわけです。

　ところで，今回はこの失踪宣告の解説をしたいわけではありません。この「７年間」という数字に注目してほしいのです。この「７年間」という数字は暗記しなくてはならなのですが，これは果たして丸暗記すべきものなのでしょうか。例えばこれが「２年間」だったとします。２年間生死不明であることも確かに大きな問題ですが，でも旦那さんが急にいなくなっ

て，２年後不意に帰宅したというような話はネットにゴロゴロしていますよね。つまり２年程度だと無事に帰ってくる可能性もまだまだあるし，仮に帰ってこなくても，生きていたという情報が入ってくる可能性も決して低くありません。

ところが，７年となると，もう帰ってくる可能性は相当程度低いです。ネットにも「行方不明だったが８年目に夫が帰ってきました」という内容はそうそうありません。７年間というと幼稚園の年長さんだった子供が中学１年生になるまでの期間です。この程度の期間に生死が明らかでないのですから，これは法律関係を確定させて次に進めるために「亡くなったこと」にしてもよいと思いませんか。この「７年」という数字はちょうどいい数字なのです。

このように一つ一つ意味づけをして暗記していきます。無味乾燥な数字ですらそのように覚えていくべきなのです。すると前述した３つの不安の根本が解決していきます。**暗記とは無理矢理覚えることではなく，心のおののきや納得を積み重ねていく作業です。**繰り返しになりますが，その**おののきと納得の物語は若者よりも成熟した大人の方がたくさんもっていますし，経験しています。だから覚えられるのです。**

⑸　立場の逆転が合格を引き寄せる

私は20代から大学入試予備校の講師をしています。20代の時でも，受講生の99％が年下でした。

一方，30代で行政書士試験に合格し，資格予備校の講師になった時，受講生の半数以上が私より年上でした。私が所属している資格予備校は映像中心の予備校ですが，データからおよその受講者の年齢層は把握できますし，コロナ禍前には対面の合格祝賀会も開催されていましたので，実際にお会いしての感想でもあります。

　このような環境下で講師をはじめたので，私は最初とても遠慮していました。つまり受講生の方を「生徒さん」というよりも「お客様である」という意識を強くもっていたのです。

　もちろんお金をいただいている以上，いまでも受講生の方はお客様であるという意識は変わりません。ただ必要以上に遠慮していたので，「ここは覚えてください」や「逃げないで覚えて」のような言葉は極力使わないようにしていました。ところが，合格祝賀会やSNSで受講生の方と接していくうちに私はある傾向に気がついたのです。

　それは「年齢が高い方ほど叱られたり，管理されたり，はっぱをかけられたりすることを望んでいる」ということです。これが確信に変わったのが3年目でした。

　民法大改正に伴い，講義を全て刷新するタイミングで，私は今までの遠慮していた講義スタイルを大きく変えて大学入試予備校と同じく，「本気で受かりたいんですよね？」という言葉や，「ここで逃げるわけにいかないでしょ，やめるんですか？　それで後悔しませんか？」のような，ある意味で煽るような言葉を講義の中に入れるようにしました。そして身近な話や成功者の例を雑談として講義の中に入れていきました。

　すると，翌年の受講者アンケートでその部分への賞賛のコメントを多数いただく結果となったのです。そして興味深いことに，年齢が高ければ高いほど，私の煽り発言や雑談を褒めてくださり，「田島先生の熱い応援のおかげでなんとか乗り切れた」というコメントや，中には「田島先生の『ここで諦めるのか，それで後悔しないのか』という発言に涙が止まらなかった」というコメントまでいただきました。

　ここで私はあることに気がつきました。
　それは「大人は実は叱られたいのだ」ということです。
　年齢が高くなると実社会ではそれなりの立場となり，管理される側から

管理する側になり，後輩や部下を導くために叱ることはあるものの，叱られたり，管理されたりする機会が極端に減っていきます。

　社会でも家庭でも自分以外の他者のことを考える機会が多くなり，自分のことは二の次となってしまいます。そんな中で，**自分の為だけに何かの目標に向かってひたすら勉強をするという，日常とは逆の体験が学生時代の懐かしさを呼び起こす**のだと思います。

　つまり，一つのことに向かって勉強することの尊さや自分の進む道を共に歩んでくれるメンター（講師）の存在に対しての安心感などを学習生活の中で強く感じるようになるのです。

　このように日々指導する立場や管理する立場で過ごしている**45歳以上の大人にとって，試験を通じて新たな事を学び，メンターによってある意味受動的な立場になることは新鮮であり，尊い感覚として経験されます。**

　これも45歳以上の方々が20代，30代の若者よりも資格試験に有利に働く点であると考えます。

行政書士試験の概要

編集部

受験資格

年齢，学歴，国籍等に関係なく，誰でも受験可能。

試験案内の掲載・配布

【インターネット】7月第2週の公示日から行政書士試験研究センターのホームページに掲載。

【郵送】毎年7月下旬から，各都道府県庁，各都道府県行政書士会等にて配布。

受験申込みの受付

【インターネットによる申込み】毎年7月下旬から。申込み条件に同意し，受験願書と顔写真画像を登録する。クレジットカード又はコンビニエンスストアで受験手数料の払込みをし，登録完了メールが届けば申込み完了となる。

【郵送による申込み】毎年7月下旬から。受験願書の記入と顔写真の貼付が必要。専用の振替払込用紙で郵便局窓口にて受験手数料を払込み，願書に振替払込受付証明書を貼付し簡易書留で郵送する。書留がセンターに到着し，かつ，センターから不備等の問合せがなければ申込み完了と

　なる。

受験票の送付

毎年10月中旬〜下旬
受験票に受験番号，試験場等が記載されている。

試験日及び時間

毎年1回，11月の第2日曜日　　午後1時から午後4時まで

試験科目と内容等

「行政書士の業務に関し必要な法令等」（出題数46題）
憲法，行政法（行政法の一般的な法理論，行政手続法，行政不服審査法，行政事件訴訟法，国家賠償法及び地方自治法を中心とする。），民法，商法及び基礎法学の中からそれぞれ出題し，法令については，試験を実施する日の属する年度の4月1日現在施行されている法令に関して出題。
「行政書士の業務に関し必要な基礎知識」（出題数14題）※令和6年より
行政書士法等行政書士業務と密接に関連する諸法令（行政書士法，戸籍法，住民基本台帳法等行政書士の業務に必要な諸法令），一般知識，情報通信・個人情報保護，文章理解からそれぞれ1題以上出題。
※これまで「一般知識等」の括弧内に列挙していた「政治・経済・社会」を削除し，今後は，改正後の「一般知識」の分野において出題。

試験の方法

試験は筆記試験によって行われる。出題の形式は，「行政書士の業務に関

し必要な法令等」は択一式及び記述式,「行政書士の業務に関し必要な基礎知識」は択一式。

試験場所

毎年 7 月の第 2 週に公示。現在の住所,住民票記載住所に関係なく,全国の試験場で受験可。

受験手数料

10,400円（令和 4 年度改定）

試験結果発表・合否通知書の送付

毎年 1 月第 5 週の公示日に受験者全員へ合否通知書が送付される。合否通知書には合否,配点,合格基準点,得点が記載されている。
合格証は毎年 2 月中旬〜下旬に送付される。

※試験実施方法は変更になることも予想されます。受験をされる方は,必ず行政書士試験研究センターのホームページや試験案内をご確認ください。
https://gyosei-shiken.or.jp

本書の内容に関するお問い合わせは、メール（info@chuokeizai.co.jp）あるいは文書にてお願いします。お電話でのお問い合わせや、本書の内容以外へのご質問はお受けできません。

行政書士 45歳からの合格・開業のリアル

2024年4月10日　第1版第1刷発行

編　者　中　央　経　済　社
発行者　山　本　　　継
発行所　㈱中　央　経　済　社
発売元　㈱中央経済グループ
　　　　パブリッシング

〒101-0051　東京都千代田区神田神保町1-35
電　話　03（3293）3371（編集代表）
　　　　03（3293）3381（営業代表）
https://www.chuokeizai.co.jp

印　刷／文唱堂印刷㈱
製　本／㈲井上製本所